연애의 사생활

세기의 남성을 사랑에 빠뜨린
결정적 비밀들

김정미 지음

다산
호당

차례

●

우리가 통상 말하는 남녀 간의 사랑이란, 세상의 수많은 이성 가운데 유일하게 단 한 사람을 눈여겨 바라보고 그 관계를 일정기간 지속하는 상태를 말한다. 왜 하필이면 그 사람을 눈여겨보게 되었는지, 애정 관계를 유지하는 기간이 어느 정도인지, 상대를 생각하는 마음의 깊이가 얼마인지, 모든 것은 개개인에 따라 다르겠지만, 이 개개인의 차이가 있는 만큼 사랑은 놀랍도록 신비롭고 아름다우며 그러기에 고통스럽고 괴로운 감정이기도 하다.

사랑이라고 명명되는 수많은 감정 중에는 로고스적이거나 아가페적인 사랑도 있을지나, 한 명의 개인에게 가장 소중하고도 인생 전체를 흔들 수 있는 감정은 에로스에 바탕을 둔 사랑일 것이라고 감히 말해본다. 그것은 세상을 짊어지고 나가는 영웅에게나 일개의 필부 필녀에게나 마찬가지일 것이다.

지구상에 존재하는 많은 생물들 가운데 '사랑'이라는 감정을 가지고 상대와 육체적, 정신적 관계를 가지는 존재는 인간밖에 없다. 사랑이란, 본능에 바탕을 두고 있으면서도 정신적 고양을 배제하고서는 생겨나지 않으며, 정신적 고양과 더불어 사랑하는 두 사람이 맺는 사회적 관계없이는 지속될 수 없는 상당히 까다로운 프로세스를 원하는 감정이다. 그러기에 인간은 오랜 세월동안 사랑의 시행착오에 대해 논의하고 탄식했으며 사랑의 완성을 찬양하고 축복했다. 세상의 수많은 문학 작품이, 예술이 사랑을 이야기 하는 것도 모두 이 때문일 것이다.

　역사 속에는 헤아릴 수 없는 많은 사랑이 존재했다. 그리고 그 사랑은 지금도 계속되고 있다. 한 남자와 한 여자가 만나 이루어 내는 사랑은 개인의 역사이기도 하지만 크게 보면 전체 인류의 역사 중 일부분이기도 하다. 사랑을 통해 인류는 종족을 보전했고 문화를 만들어 내고 소비

했으며 이를 후세에 전해 주었다.

　이 책에서는 모든 중요하고 소중한 개개인의 사랑 가운데서 특별히 본보기로 할 만한 9가지의 사랑을 골랐다. 사랑으로 인해 역사의 방향마저 바꾸어 버린 연인이나, 시대적 상황을 벗어날 수 없었던 절절했던 연인, 고통스럽고도 내밀했던 관계로 인해 상처 입었던 연인, 어떤 상황에서도 지고지순했던 연인들의 면면에서 그들의 사랑이 인간과 역사에 미치는 영향을 되짚어 보았다.

　또한 이들 연인들의 사랑의 완성과 실패가 보여주는 교훈과 지침을 통해 현시대를 살아가는 우리들이 사랑 앞에 가져야 할 태도에 대해서도 고민해 보았다. 그것은 역사 속 연인들이 사랑이란 이름으로 만들어낸 희로애락의 역사가 지금을 살아가며 사랑을 하고 있는 우리들에게 그대로 되풀이 되고 있다고 믿기 때문이다. 그런 의미에서 이 책이 이제 사랑을 시작하려고 하거나 지금 사랑을 하고 있거나 혹은 한차례 사랑을 잃어버리고 후회하는 사람들에게 다가올 사랑을, 지금 사랑을, 지나버린 사랑을 준비하게 하며, 아름답게 하고, 잘 매듭짓게 하는 역할을 해주었으면 하는 마음이다.

특별히 역사 속의 연인들에 대해 관심을 가지고 글을 쓰게 해 준 다산초당의 김상영, 이하정 선생께 감사를 표한다. 책을 쓰면서 내 곁에 있는 이 사람과 나는 대체 어떤 사랑을 가꾸어 가야 할까 늘 생각하게 해 주었던 남편 김동준에게도 그 한결같음에 감사를 표한다. 사랑을 하고 있는 모든 연인들에게도 파이팅을 전하는 바이다.

2010. 1
김정미

신선한 매력으로 다가가라

왕좌를 버리게 한 사랑

윌리스 심슨 · 에드워드 8세

"당대 최고의 남성인 에드워드 8세가 왜 내게 반했을까? 그건 아마도 내가 가진 미국인으로서의 독립심, 솔직함,
유머와 재치, 그리고 그에 대한 호기심 등 그런 것들에 대한 특별한 관심 때문이라고 생각된다."

심슨 부인은 후일 회고록에서 에드워드 8세가 자신에게 반한 이유를 이렇게 분석했다.
실제로 심슨 부인은 그다지 미모의 여성이 아니었다. 그녀 스스로 인정했듯 넓은 턱에 뻣뻣한 검은 머리카락,
작은 몸집은 아름다움과는 거리가 있었다. 그러나 그 대신 그녀는 뛰어난 재치와 여느 상류층 여자에게서는
발견되지 않는 독특한 매력, 그리고 외모의 단점을 보완해 줄 세련된 패션 감각과 신분의 차이를
극복할 만한 고상한 예술적 취향을 가지고 있었다. 그녀의 이러한 장점은 그녀를 두 번이나
결혼하게하였고 종내는 대영제국의 국왕 에드워드 8세의 특별하고
대단한 사랑을 차지하게 했다. 에드워드 8세는 그녀와 결혼하기 위해
대영제국의 왕좌를 버렸다.

사랑하는 여인을 얻기 위해
대영제국의 왕위를 버리다

1937년 6월 3일 프랑스 투르 근교의 샤토 드 캉데에서 세기의 결혼식이 치러졌다. 세상의 관심이 모아진 세기의 결혼식이었음에도 불구하고 하객은 불과 16명뿐인 쓸쓸한 결혼식이었다. 신랑의 가족은 아무도 참석하지 않았다. 신부는 결혼의 상징인 순백의 드레스 대신 푸른색 웨딩드레스를 입었다. 영국 국교회 성직자의 주례로 치러진 이 결혼식은 얼마 전 왕위를 버린 에드워드 8세와 심슨 부인의 결혼식이었다.

그보다 한 해 전, 1936년 12월 11일 밤 대영제국의 왕 에드워드 8세(Edward VIII, 1894~1972)는 BBC 라디오 방송을 통해 국민들에게 자신의 사랑과 앞으로의 행보에 대해 발표했다.

"나로 하여금 왕위를 버릴 수밖에 없게 한 이유는 다들 알고 계시죠. 그러나 이 점만은 알아주었으면 합니다. 내가 이런 결정을 내리기까지 웨일스의 왕자로서 그리고 최근 들어서는 왕으로서 나는 25년간 봉직하려고 노력한 국가, 즉 대영제국을 잊어버리지 않았다는 것을. 그러나 또한 그 무거운 책임을 이행해 나가기가 나로서는 불가능하다고 판단되었다는 것을 믿어주기 바랍니다. 사랑하는 이 여인의 도움과 뒷받침 없이 왕으로서 내가 뜻한 바

에드워드 8세

1936년 왕위를 버리고 윈저 공(Duke of Windsor)이 되었다. 조지 5세의
맏아들로 태어나 독신인 채로 영국 국왕에 즉위하였지만, 유부녀인 심슨
부인과의 사랑을 택하면서 왕좌를 버렸다. 조부 에드워드 7세를 닮은 활
달한 성격의 소유자로 황태자 시절에는 세계 각지를 여행하여 상하 각층
의 사람들과 널리 사귀었으며, 사회문제에도 조예가 깊어 인망이 높았다.

대로 임무를 수행해 나간다는 것이 불가능한 일이라고 깨달았다는 것을 말입니다."

발표의 요지는 사랑하는 여인과 결혼하기 위해 국왕의 자리에서 퇴위하겠다는 것이었다. 영국 국민과 전 세계인들은 경악했다. 왕실의 스캔들은 철저히 보호되던 시절인데다가 요즘 같지 않게 영국 왕실의 정치적 위상이 드높았던 때라 영국인들에게 에드워드 8세의 퇴위 소식은 청천벽력과도 같은 뉴스였다.

사랑을 하고 결혼을 하면 하였지 왜 왕위까지 버려야 했을까? 도대체 어떤 여자이기에 대영제국 국왕이 왕위를 버리면서까지 얻으려 했을까? 세계인의 관심은 한 여인에게로 쏠렸다.

에드워드 8세의 마음을 사로잡은 여인은 월리스 심슨(Wallis Warfield Simpson, 1895~1986)이라는 미국인이었다. 호기심으로 그녀에게 주목하던 많은 사람들은 실망했다. 막상 밝혀진 그녀의 외모와 이력은 왕비감으로서는 많이 부족해 보였다. 젊지도 않고 미인도 아니었던 그녀에게 도대체 어떤 매력이 있는 것인가 사람들은 의아해했다. 게다가 그녀는 귀족 신분이 아닌 미국인으로 이혼경력도 있으며, 심지어 그때까지도 심슨이라는 남자의 아내로 '심슨 부인'이라 불리는 유부녀였다.

1930년대 아직 대영제국의 영광이 완전히 기울지 않았던 시절, 영국 왕실은 국가와 국민의 기대에 부응하여야만 했다. 그들은 일반 시민들과는 달리 고귀해야만 했으며 고귀한 신분을 유지하기 위해서라도 왕실에 걸맞은 사람과 결혼하여야만 했다. 그러기에 왕실 입장에서 심슨 부인과 에드워드 8세와의 결혼은 말도 안 되는 일이었으며 그들의 사랑을 그저 한때 지나가는 왕의 불장난일 뿐이라고 치부하고자 했다. 그러나 한 여인을 향한 에드워드 8세의 마음은 진심이었다.

당시까지 너무나 보수적이었던 영국 왕실은 이혼경력이 있는 평민 미국여인을 왕비로 맞을 수 없었다. 영국 수상이던 볼드윈과 영국의회, 영국 국민들 모두가 에드워드 8세와 심슨 부인의 결혼을 반대했다. 에드워드 8세는 수차례 수상 볼드윈을 만나 자신의 입장을 피력하고 운명의 사랑을 지지해 줄 것을 호소하였지만 볼드윈은 완고했다.

그때까지만 해도 볼드윈은 에드워드 8세의 사랑이 왕좌를 걸 만큼 깊을 것이라고는 상상조차 하지 못했다. 왕실의 사람들이 다소 그러하듯, 그리고 이전까지 에드워드 8세가 보여준 다른 여인들과의 사랑이 그러하였듯, 얼마 지나지 않아 싫증을 느끼고 심슨 부인과 헤어질 것이라고 생각했다.

볼드윈은 에드워드 8세의 사랑을 지지하던 윈스턴 처칠이

'실수하지 마십시오. 이것은 세기의 사랑입니다.'

라고 그를 설득했을 때도 꿈쩍하지 않았다. 볼드윈의 입장에서는 에드워드 8세의 사랑이 도무지 이해가 되지 않았던 것이다. 그것은 볼드윈뿐만 아니라 에드워드 8세를 제외한 모든 사람들의 생각이었다. 월리스 심슨에게 바치는 에드워드 8세의 사랑은 지나가는 바람일 뿐이라고 생각했던 것이다.

그러나 그것은 볼드윈의 오산이었다. 심슨 부인에 대한 에드워드 8세의 사랑은 심각했다. 이 사랑은 일찍이 그가 겪었던 어떤 사랑과도 달랐다. 심슨 부인을 만난 이후 에드워드 8세는 처음으로 인생의 의미를 찾은 것만 같았다. 훗날 심슨 부인에 대해 에드워드 8세는 이렇게 말했다.

'월리스는 내게 행복뿐 아니라 삶의 의미도 안겨주었습니다. 그녀는 흠 하나 없는 완벽한 여인입니다.'

에드워드 8세는 왕위에 있었던 11개월 동안 모든 노력을 동원해 수상 볼드윈과 국회 그리고 왕실 가족들을 설득하려 했지만 돌아오는 대답은 협박과도 같았다. 왕위를 버리고 심슨 부인과 결혼하거나, 왕위를 유지하려면 심슨 부인을 버리라는 것이었다. 그의 사랑을 이해하고 편을 들어 준 이는 오로지 윈스턴 처칠 한 사람뿐이었다.

거기에다 국왕 즉위 이전부터 멋쟁이 황태자로 인기가 드높던 에드워드 8세였기에 영국 국민들은 더욱 그의 파격적 사랑을 인정하지 않으려 했다. 심슨 부인은 국왕을 현혹시키는 천하의 요부로 영국 국민들의 공적이 되었다. 영국 국민들은 심슨 부인이 왕의 숨겨진 애인인 것은 어쩔 수 없는 일이지만 그녀가 공식적으로 영국의 왕비가 되어 나라를 대표하는 것은 참을 수 없는 치욕이라고 생각했다.

에드워드 8세는 결국 결단을 내려야 했다. 그녀를 버리거나 왕위를 버려야 했다.

'심슨 부인'이라는 여인

베시 월리스 워필드 스펜서 심슨 윈저 공작부인(Wallis Warfield Spencer Simpson, Duchess of Windsor)이 정식 이름인 심슨 부인은 미국 펜실베이니아에서 태어났다. 아버지는 그녀가 태어난 지 5개월 만에 세상을 떠났다. 자립능력이 없던 월리스의 어머니는 그녀를 데리고 볼티모어에 사는 친척인 솔로몬 워필드에게 생계를 의탁했다.

경제적으로는 그다지 어렵지 않았지만 친척의 돈을 받아 사는 생활은 비굴할 수밖에 없었다. 게다가 그녀가 청소년기에 접어들 즈음 어머니마저 재혼을 하여 그녀 곁을 떠났다. 다행히도 지원을 아끼지 않은 솔로몬 워필드는 혼자 남은 월리스를 볼티모어의 비싼 사립학교에 보내주었다. 월리스는 그곳에서 상류층 친구들을 사귀고 상류사회의 예절과 교양을 익혔다.

월리스는 스무 살에 해군 조종사 스펜서와 만나 결혼하였다. 아마도 성년이 되면서 더 이상 친척인 솔로몬 워필드에게 생계를 의탁할 수 없었던 월리스의 궁여지책으로 보인다. 상류 사회의 삶을 동경하였던 월리스에게 자립하여 사회로 나가 타이피스트나 비서가 된다는 것은 상상조차 할 수 없는 일이었을 것이다. 그녀에게는 안락한 삶을 보장해 줄 남자가 필요했다.

스펜서는 핸섬한 남자였지만 알코올 중독자였다. 알코올 중독은 의처증으로 발전했다. 미인은 아니었지만 젊고 재치 있는 해군장교 부인 월리스는 파티나 사교모임에서 언제나 인기를 끌었다. 실제로 월리스의 행실도 그다지 단정치는 않았던 것 같다. 군인의 특성상 해외근무가 많은 스펜서를 두고 월리스는 다른 남자들과 곧잘 사귀곤 했다는 것이 그 시절 그녀를 알던 사람들의 증언이다. 그녀는 주로 외교관들과 만났는데, 당시 해외로 파견된 대부분의 외교관들이 상류층 출신이었고 각종 파티 등 의전행사가 월리스의 허영심을 채워주기에 충분했기 때문으로 보인다.

심슨 부인과 에드워드 8세

월리스는 미국 출생으로, 그녀의 첫번째 남편인 해군 장교 스
펜서와 10년간의 결혼생활 후에 이혼하고 이듬해인 1927년
E.심슨과 재혼하였다. 이후 런던의 사교계에서 인기가 있었으
며, 1930년 영국 황태자와 만나 세기의 로맨스를 키워간다.

1924년경 월리스는 파견을 나간 남편 스펜서를 따라 중국으로 갔다. 중국에서 그녀를 기억하는 사람들은 그녀가 매우 총명하고 사람들과의 대화에서 늘 주도권을 장악했다고 회고했다. 일설에 의하면 그녀는 중국에서 고대의 방중술을 연마하여 남자들을 사로잡았다고도 한다. 이것은 그다지 아름다운 외모가 아니었던 월리스가 남자들을 쉽게 현혹했고, 또 당시 누구나 선망하는 남자였던 에드워드 8세를 사로잡은 것에 대한 심술궂은 억측일 가능성이 높다. 그러나 어쨌든 월리스는 젊은 시절부터 외모가 아니라 그녀가 가진 내면의 다른 어떤 것으로 남자들의 마음을 녹였던 것이 확실하다.

중국에서 3년을 보낸 월리스는 미국으로 다시 돌아와 스펜서와 이혼했다. 월리스의 바람기와 알코올 중독자 스펜서의 의처증이 결국 두 사람을 갈라서게 만든 것이다. 10년간 지속되었던 그녀의 첫 번째 결혼은 그렇게 끝이 났다.

실패한 결혼의 상처를 달래며 여기저기를 여행하던 월리스는 이듬해 선박회사의 중간 매니저였던 심슨을 만났다. 심슨은 영국계 미국인으로 상당한 재력가였다. 처음 월리스는 심슨의 아내 도로시와 친해졌다. 도로시는 월리스와 함께 옷을 고르러 다녔고 집안의 인테리어를 상담했다. 단짝처럼 붙어 다니는 두 여자를 에스코트하던 심슨은 매력적인 월리스에게 금세 빠져들고 말았다. 친구의 남편을 빼앗은 월리스에게 어떤 미안한 마음이 있었는지도 모르겠다. 그러나 그녀는 미안함으로 기회를 놓칠 여자는 아니었다. 심슨은 도로시와 이혼했고 월리스와 재혼했다.

때마침 월리스가 선박회사의 런던 지사로 발령받자 부부는 런던으로 이사했다. 이로써 월리스 월포드는 월리스 스펜서를 거쳐 월리스 심슨, 즉 심슨 부인이 되었다. 그리고 런던의 사교계에 발을 들여놓을 수 있는 발판을 마련했다.

푸른 드레스를 입고 황태자를 사로잡다

재력과 인맥이 있는 심슨은 상류층을 지향하던 월리스에게는 참으로 적당한 남편이었다. 침착하고 지적이며 세련된 감각을 몸에 지니고 있던 월리스, 즉 심슨 부인은 남편의 재력을 바탕으로 단숨에 런던 사교계의 떠오르는 별이 되었다. 그녀는 겉으로는 상류층 여인들과 친해졌고 뒤로는 그녀들의 남편이나 애인의 애간장을 태웠다. 그녀가 친해진 사람 가운데는 영국 제1의 선박회사의 사장 퍼네스의 아내 텔마 퍼네스도 있었다. 당시 텔마 퍼네스는 공공연하게 에드워드 8세의 연인이라고 소문이 나 있었다.

1931년 심슨 부인은 텔마 퍼네스의 집에서 열리는 파티에 초대되었다. 이 파티에는 당시 황태자였던 에드워드 8세도 참석해 있었다. 그는 친구들 사이에서는 데이비드라고 불렸다. 푸른 드레스를 입은 왜소한 여인이 황태자 옆자리에 앉았다. 황태자는 그녀가 미국인이며 심슨 부인이라고 소개받았다. 별다른 공통 주제를 찾지 못했던 황태자는 의미 없는 대화를 시작했다.

'영국의 겨울은 춥지요. 중앙난방이 있는 편리한 미국 집이 그립지 않나요?'

황태자는 자신의 의례적인 말에 그저 의례적인 대답을 기대하고 심슨 부인을 바라보았다. 그런데 심슨 부인이 매우 뜻밖의 대답을 해왔다.

'영국에 사는 미국여인들은 매일 똑같은 질문을 받는답니다. 웨일즈의 왕자께서는 좀 더 독특한 말을 하실 줄 알았습니다만.'

그 순간이었다. 이때까지 가식적인 교양에 젖은 귀족들로부터 아첨의 말만 들어온 황태자는 눈이 번쩍 뜨였다. 그리고 자신에게 도발적인 말을 건넨 여인을 찬찬히 바라보았다. 그녀는 아름답지는 않았지만 총명하게 반짝이는 검은 눈동자를 가졌으며 외모의 결점을 가려주는 우아하고 품위 있는 푸른 드레스를 입고 있었다. 그녀를 호기심으로 바라보는 황태자의 시선을 피하지 않고 심슨 부인은 대담하게 맞받아쳤다. 에드워드 황태자는 단숨에 그녀에게 사로잡히고 말았다.

심슨 부인과 사랑에 빠진 후 황태자는 변했다. 왕위 계승자로 평생을 살아온 그의 이전 인생은 아무것도 아닌 것처럼 느껴졌다. 그녀를 통해 새로운 삶을 본 황태자는 자신에게 심슨 부인이 어떤 존재인가를 확실히 알았다.

'그녀는 내 삶에 없던 무언가를 가져다주겠다고 약속했다. 그녀와 있으면 나는 보다 창의적이고 쓸모 있는 사람이 될 수 있을 것 같았다.'

에드워드 황태자는 어릴 때부터 다음 왕위를 이을 사람으로 엄격한 교육 속에서 성장했다. 그다지 자애롭지 못했던 아버지 조지 5세와 어머니 메리 왕비는 늘 그를 외롭게 했다. 태어나서 단 한 번도 황태자라는 무거운 짐을 벗어버리지 못했던 에드워드는 자신을 황태자로 보지 않고 그저 한 명의 '남자'로 보아주는 유일한 여인에게 사로잡힐 수밖에 없었다. 게다가 그녀는 독특했고 영민했으며 고상하기까지 해 왕족인 그를 상대하기에 조금도 부족함이 없는 사람이었다. 에드워드 황태자는 심슨 부인에게 급속도로 빠져 들어갔다.

젊은 에드워드 8세의 모습

에드워드 황태자는 1913년 군에 입대하여, 총사령관, 보병장
등을 거쳤다. 케임브리지 대학에서 수학했고 교사, 약제사, 육
군교관, 연방행정관, 라디오 뉴스 해설자, 국방행정관으로 일
했다. 그 뒤에는 스탠리 볼드윈의 재무장관과 내무장관을 역
임했다. 그 외에도 다양한 방면에서 활동하며 국민들의 사랑
을 받았다. 그러나 그가 진정으로 원한 것은 따뜻하게 자신을
감싸 안아줄 한 여성이었다.

한편, 심슨 부인은 유부녀였지만 그녀에게 빠진 황태자의 사랑을 막지 않았다. 그녀에게 황태자는 '경험하지 못했던 금빛 찬란한 신세계로 나를 인도하는 사람'이었다. 이미 남편 심슨은 안중에도 없었다. 원래 허영심이 있었던 심슨 부인에게 에드워드 황태자는 더할 나위 없는 배우자감이었다.

두 사람은 처음에는 심슨 부인이 유부녀라는 상황을 고려하여 우정을 가장하여 만나기 시작했다. 그러나 그들은 끝까지 그 사랑을 숨기지 못하였다. 심슨이 일 때문에 따라가지 못한 스키 여행에서 심슨 부인과 에드워드 황태자는 서로의 사랑을 확인했다. 아니, 결정적인 스키 여행이 없었다고 하더라도 두 사람의 결합은 시간문제일 뿐이었다.

에드워드 황태자는 외로웠던 자신의 과거를 감싸주며 때로는 어머니처럼 때로는 친구처럼 때로는 정숙한 숙녀로 때로는 요부가 되어 자신을 이끄는 심슨 부인을 거부할 수 없었다. 심슨 부인 또한 황태자의 이름으로 가던 기차도 멈추게 하고, 화려한 요트에, 왕실 급의 최고급 호텔 등 이전에 그녀가 만난 어떤 남자도 주지 못한 최고의 삶을 누리게 해주는 에드워드 황태자의 사랑을 막을 생각이 없었다.

심슨 부인의 남편은 강력한 연적인 에드워드 황태자 앞에 가볍게 무릎을 꿇었고 이혼을 승낙했다. 이제 이혼을 앞둔 심슨 부인은 얼마 전 왕으로 즉위한 에드워드 8세의 아내로 대영제국의 왕비가 될 날을 꿈꾸었다. 불과 몇 년 전에는 꿈도 꾸지 못했던 일이 자신 앞에 막 펼쳐지려고 하고 있었다.

세기의 로맨스에 이은 윈저 공작의 평민 아내

그러나 심슨 부인의 신분과 과거는 그녀를 왕비자리에 앉히지 않았다. 게다가 그녀를 사랑하게 된 남자의 왕위마저도 버리게 만들었다. 영국 전체의 반대를 극복하지 못한 에드워드 8세는 결국 유명한 라디오 연설만을 남긴 채 왕좌를 버렸다. 그리고 자신을 다른 세계로 이끌어 주겠다고 약속한 그녀, 심슨 부인을 택했다.

1936년 12월 퇴위한 에드워드 8세는 오스트레일리아로 날아갔다. 그곳에서 그의 뒤를 이어 국왕이 된 남동생 조지 6세로부터 윈저 공작의 작위를 받았다. 윈저 공은 심슨 부인의 법적인 이혼절차가 마무리되기를 기다려 1937년 6월 3일 프랑스에서 마침내 결혼식을 올렸다. 영국 국교회 신부를 주례로 모신 영국식 결혼식이었지만, 왕실의 결혼식이라고는 할 수 없는 초라한 결혼식이었다.

영국 왕실은 단 한 사람의 하객도 보내지 않았다. 이제는 윈저 공이 된 에드워드 8세의 결혼에 단호히 반대의사를 표명한 것이다. 윈저 공의

푸른 드레스를 즐겨입은 심슨 부인과 윈저 공

심슨 부인은 푸른색 드레스와 옷을 즐겨 입었고 당시에 이 푸른색은 심슨 블루라 불리며 로맨스의 상징처럼 여겨졌다. 이들이 결혼하던 날에도 심슨 부인은 하얀 드레스 대신 드레스와 모자, 장갑, 신발 모두 푸른색으로 치장했다. 이 때문에 심슨 블루는 귀족과 왕족에 굴하지 않은 당당한 서민을 뜻하는 색으로 일컬어지기도 하였다.

부인이 된 심슨 부인에게는 공작부인의 지위도 내리지 않았고 그녀가 '전하'로 불리는 것도 허용하지 않았다. 영국 왕실은 철저히 그녀를 무시하고, 다만 윈저 공작과 함께 사는 '평민' 아내로 심슨 부인을 대우했다. 에드워드 8세는 자신의 아내에 대한 영국 왕실의 냉담을 매우 마음 아파했지만 어쩔 도리가 없었다고 한다.

한편, 심슨 부인은 영국 왕실의 이러한 조치에 반항이라도 하듯 결혼식 날 하얀 웨딩드레스 입는 대신 푸른색 드레스를 입고 온몸을 푸른색으로 치장했다. 에드워드 8세와의 첫 만남을 기념하고 영원한 사랑을 맹세하는 의미에서 선택한 색이었다. 결혼식 자체는 초라하였지만 세계인들의 초미의 관심사였던 이 결혼식은 심슨 부인의 푸른 웨딩드레스 때문에 더욱 유명해졌다. 그녀가 입은 드레스의 푸른색은 '심슨 블루'라고 불리게 되었다. 심슨 블루는 귀족과 왕족에 굴하지 않는 당당한 서민을 뜻하는 색으로 일컬어지기도 하였다.

이 결혼으로 에드워드 8세 또한 영국 왕실로부터 배척당했다. 본의 아니게 망명객이 되어 영국 본토로 돌아가는 것이 거부된 것이다. 여전히 국민들에게 인기가 높던 에드워드 8세가 영국에서 살 경우, 어부지리로 왕위에 오른 조지 6세의 자리가 불안해질까 두려워한 영국 왕실과 정부의 조치였다. 결국 에드워드 8세는 도버해협을 건너지 못하고 프랑스에 정착할 수밖에 없었다.

30년 만에 영국 왕실과 화해

왕의 자리마저 버리게 만든 여인, 심슨 부인은 비록 공식적으로 왕비도, 공작부인도 되지 못했지만 결국 윈저 공과의 결혼으로 신분 상승 이상의 명성을 얻었다. 결혼 이후 윈저 공과 심슨 부인은 윈저 공작 부부로서 유럽 여러 국가를 방문하고 수많은 파티와 공식, 비공식 행사에 참여하였다.

그러나 윈저 공의 마음에는 언제나 버리고 온 왕위에 대한 미련과 고향 영국으로 돌아가지 못한다는 울분이 있었다. 그런 슬픔을 잘 알고 있던 심슨 부인은 늘 그의 사랑에 보답하기 위해 노력했다고 한다.

'내 남편은 나를 위해 모든 것을 포기했습니다. 따라서 국왕다운 생활을 할 수 있도록 도와주는 것이 나의 의무라고 생각합니다.'

한때 윈저 공은 영국 밖에 있으면서도 영국을 대표하는 일을 맡고 싶어 했고 때로는 비공식적으로 그런 일을 자임하기도 하였다. 그러나 그것은 영국 왕실이나 정부 아무도 원치 않는 일이었다. 윈저 공은 자신에 대한 영국의 반응에 늘 섭섭함을 느꼈다.

그래서일까? 윈저 공은 영국과 적대적이던 독일에 우호적이었다. 심

히틀러와 만난 윈저 공 부부

제2차 세계대전 당시 윈저 공 부부는 독일을 방문하여 나치 관료들
과 히틀러의 환영을 받았다. 이 만남으로 윈저 공 부부는 영국 국가
기밀을 아돌프 히틀러에게 전달했다는 추궁을 받게 되었다. 영국 국
민들은 이 일로 에드워드 8세에게 크게 실망했고, 에드워드 8세는
독일과의 평화협정을 통해 영국의 왕위를 다시 찾으려 한다는 의혹
을 받았다. 이를 두고는 아직도 논란이 끊이지 않고 있다.

슨 부인도 나치를 지지했다. 독일을 방문한 원저 공이 히틀러 앞에서 손을 들어 나치식 인사를 하는 사진이 신문에 실리면서 영국에서 원저 공의 평판이 떨어지기도 했다. 독일이 영국으로 쳐들어와 조지 6세를 폐하고 원저 공을 왕으로 다시 옹립하려 한다는 소문이 돌기도 했다.

이런 소문은 원저 공 부부에 대한 영국정부와 국민의 불신을 초래하였다. 2차 대전 중 영국정부는 유럽에 있는 원저 공 부부의 행동을 예의주시했다. 결국 원저 공의 친구였던 윈스턴 처칠이 나설 수밖에 없었다. 처칠은 원저 공이 전쟁 포화의 중심지인 유럽에서 벗어날 수 있도록 도왔다. 원저 공을 서인도 제도에 있는 바하마의 총독으로 임명하여 잠시 전쟁과 이데올로기로부터 피신하도록 하였다.

바하마에서 작은 땅이나마 최고 통치자가 된 원저 공은 만족하고 곧 안정을 되찾았지만 바하마가 유배지 같은 심슨 부인은 우울한 나날을 보냈다고 한다.

2차 대전이 끝나고 적과 아군이 사라진 유럽에 돌아온 원저 공 부부는 이전처럼 프랑스와 미국, 이탈리아를 넘나들며 화려한 사교생활을 계속하였다. 어느 기자가 원저 공에게 고향 영국으로 돌아가고 싶지 않느냐고 질문을 던졌을 때 원저 공은 이렇게 대답했다고 한다.

'고향, 그것은 윌리스가 있는 곳이지요.'

노년의 심슨 부인과 윈저 공

이 세기의 연인은 36년 간 해로하며 세계인에게 사랑의 진정성이 무엇인지를 보여주는 사랑의 삶을 살았다. 심슨 부인의 도덕성을 두고 논란의 여지는 많았지만, 그들은 세계 곳곳을 돌아다니며 패션 아이콘으로, 로맨스의 상징으로 아름다운 모습을 보여주었다. 심슨 부인은 1972년 급성 심근경색으로 임종한 윈저공의 곁을 지켰다. 영국은 윈저 성 왕실 묘지에 윈저 공이 묻히도록 허락했으며 14년 후 사망한 공작부인도 남편 옆에 같이 묻히게 된다.

한편, 심슨 부인과 영국 왕실은 오랫동안 화해하지 못했다. 심슨 부인이 왕실가족으로 공식 행사에 참가할 수 있게 된 것은 결혼한 지 30년이나 지난 1967년이 되어서야 이루어졌다.

윈저 공과 심슨 부인은 35년간 해로하였다. 두 사람 사이에 자녀는 없었다. 1972년 윈저 공이 프랑스에서 먼저 숨을 거두자 심슨 부인은 검은색 상복 위에 심슨 블루의 숄을 걸치고 장례식장에 나와 다시 한 번 그들의 로맨스를 상기시켰다. 영국 왕실은 윈저 공이 프로그모어에 묻힐 것을 허락하였다. 왕실 밖으로 내쫓았던 그를 다시 끌어안은 영국 왕실의 공식적인 입장 표명이었다.

그로부터 14년 후인 1986년 심슨 부인도 숨을 거두었다. 그녀는 남편 에드워드 8세의 곁에 나란히 묻혔다. 마침내 영국 왕실과 심슨 부인의 완전한 화해가 이루어진 것이다. 심슨 부인의 마지막 유언은 심슨 블루의 옷으로 갈아 입혀 달라는 것이었다고 한다.

최근 심슨 부인과 에드워드 8세의 세기의 로맨스에 의문을 품게 하는 공식문서들이 속속 발표되고 있다. 에드워드 8세와 염문을 퍼뜨릴 당시 심슨 부인에게 있던 또 다른 애인에 대한 이야기나 독일 나치에 대한 심슨 부인의 열렬한 지지와 주영대사로 나와 있던 독일인과의 밀회 이야기 등은 왕위마저 박차고 나온 에드워드 8세의 로맨스를 어둡게 하고 있다. 그러나 어쨌든 심슨 부인은 20세기 초 보수적이던 영국 왕실에 파문을 일으켰고 왕위를 버리게 할 만큼 굳센 사랑의 힘을 증명한 여인으로 기억되고 있다.

언제나 곁에 머물러라

22년간의 지독한 그리움

샤 자한 · 뭄타스 마할

뭄타즈 마할은 샤 자한에게 세상에서 가장 아름답고 품위 있는 여자였다. 그리고 자신의 분신, 신체의 일부처럼
언제나 함께 있는 것이 너무나 당연한 존재였다. 뭄타즈 마할은 남편 샤 자한이 가는 곳이면 그곳이 어디든
함께 갈 준비가 되어 있었고, 또 언제나 함께였다. 그녀는 남편을 전폭적으로 신뢰했고 몸과 마음을 다해
보필했을 뿐 아니라 살아 있는 동안 모든 시간을 그를 위해 썼다.
1년 365일을 하루도 빠지지 않고 밀착되어 있던 샤 자한과 뭄타즈 마할의 관계는 뭄타즈 마할의 죽음으로
끝이 났다. 홀로 남은 샤 자한은 그녀의 부재가 주는 고통을 견딜 수 없었다. 샤 자한은 뭄타즈 마할을
잃은 후 22년의 세월동안 그녀의 무덤을 만들면서 그 고통을 매일 되새김질 하며 그리워했다. 한 남자가
한 여자를 평생을 두고 한결같이 그리워하게 하는 사랑, 뭄타즈 마할의 사랑은 그렇게
지독하고도 지고지순한 사랑이었다.

아름다운 무덤 타지마할에 잠든
왕비 뭄타즈 마할

이번이 14번째 출산이건만 왕비 뭄타즈 마할(Mumtaz Mahal, 1593~1631)은 산통을 견뎌내지 못하고 있었다.

20여 년을 한결같이 사랑했던 여인의 임종 앞에서 인도의 대제국 무굴제국(16세기 초부터 19세기 중반까지 오늘날의 인도 북부와 파키스탄, 아프가니스탄에 이르는 지역을 지배한 이슬람 왕조)의 왕 샤 자한(Shah Jahan, 1592~1666)은 더할 수 없는 고통을 느꼈다. 그녀가 없는 세상은 상상조차 할 수 없었다. 할렘의 수많은 젊고 아리따운 여인들을 모두 마다하고 오로지 세상의 하나뿐인 여인인양 아껴왔던 왕비였다. 그 어떤 위험한 전쟁에서도 눈썹 하나 까닥하지 않았던 왕이었지만 뭄타즈 마할이 없는 삶은 두렵기 짝이 없었다.

마지막 숨을 몰아쉬며 뭄타즈 마할은 샤 자한의 품에 안겨 유언을 남겼다.

'내가 죽은 후 다음 왕비를 들이지 마세요. 그리고 나를 기념하는 아름다운 무덤을 만들어 주세요……'

타지마할

인도 아그라에 위치한 무굴제국시대 건축물. 무굴 제국의 5대 왕 사 자
한이 총애하였던 왕비 뭄타즈 마할의 무덤이다. 타지마할은 페르시아,
터키, 인도 및 이슬람의 건축 양식이 잘 조합된 무굴제국 건축의 가장
훌륭한 예로 손꼽힌다. 1983년 유네스코 세계문화유산으로 등재되면서
"인도에 위치한 무슬림 예술의 보석이며 인류가 보편적으로 감탄할 수
있는 걸작"이라는 평가를 받았다.

끝내 뭄타즈 마할은 숨을 거두었다. 그녀의 나이 39세였다. 샤 자한의 오열이 이어졌다. 그녀의 죽음과 함께 인도의 드넓은 대륙을 호령하던 왕도 그 기세를 잃었다. 사랑하는 왕비를 잃은 왕은 그 고통을 견딜 수 없어 칩거에 들어갔다.

샤 자한이 1년의 칩거를 끝내고 장녀 자하나라의 손에 이끌려 다시 세상에 나왔을 때 그는 죽은 아내에 대한 그리움 때문에 1년 사이에 폭삭 늙은 백발의 노인으로 변해 있었다.

그는 아내를 잃은 슬픔을 아내의 유언을 실행하는 것으로 극복하고자 했다. 뭄타즈 마할의 빈자리를 다른 여인으로 채우지 않았을 뿐 아니라, 온 힘을 다해 그녀를 기리는 무덤을 만들기 시작한 것이다. 그것이 바로 현재까지도 세계 7대 불가사의에 드는 아름다운 건축물 타지마할이다.

타지마할은 인도 북부 우타르프라데시주 아그라 교외 자무나강 오른쪽 연안에 위치하고 있는 대표적인 이슬람 양식의 건축물이다. 붉은 사암으로 된 아치형 정문을 통과하면 넓은 뜰에 수로가 있는 무굴양식의 정원이 펼쳐진다. 길이가 약 300미터에 이르는 일직선의 수로 중앙에는 연꽃 모양의 수조가 있고, 분수가 물을 뿜어내고 있다. 수로에 비친 타지마할의 모습은 매우 환상적이다. 긴 수로의 끝에는 눈부신 순백의 대리석으로 지어진 본 건물이 서 있다. 건축물은 큰 4각형 기단 위에 세워졌으며 중앙에는 큰 돔이 있고 기단의 4귀에는 기둥이 서 있다. 건물의 외장은 라자스탄의 순백색 대리석으로만 치장해 빛의 방향과 시간에 따라 하루에도 몇 번씩 그 색이 변하는 황홀경을 선사한다. 내부는 갖가지 색깔의 대리석에 무늬를 파고 세계각지에서 온 보석들로 상감을 하여 치장했다. 건물의 비례미와 돔과 아치의 수려한 곡선의 조화는 너무나 정교하며 아름답다.

이 타지마할은 매년 우기 때마다 범람하는 자무나강 옆에 있어도 한 번도 침수된 적이 없을 정도로 과학적인 건축물로도 유명하다. 타지마할은 인도, 페르시아, 중앙아시아, 유럽 등지에서 온 건축가들의 공동 설계에 따라 착공되었으며, 매일 2만 명이 넘는 노동자들과 1000마리의 코끼리가 동원되었다. 건축비만 해도 총 4000만 루피의 비용이 들었다고 한다.

샤 자한은 이 타지마할을 아내 뭄타즈 마할과의 사랑을 하나하나 되새겨나가듯 무려 22년에 걸쳐 만들어갔다. 그는 서서히 만들어지는 타지마할을 마치 생전의 아내를 아름다운 보석으로 치장하듯 지켜보았을 것이다. 어쩌면 사랑하는 여인 뭄타즈 마할의 죽음을 인정할 수 없었기에 정교함에 정교함을 보태면서 그 완성을 질질 끈 것일지도 모르겠다.

22년 만에 무덤이 완성되자 가묘에 안치되어 있던 뭄타즈 마할의 시

뭄타즈 마할과 샤 자한

1628년부터 1658년까지 무굴 제국을 통치한 제5대 황제인 샤 자한
은 세 번째 왕비 뭄타즈 마할을 가장 총애하고 아꼈다. 그 사랑은 그
녀를 처음 본 순간부터 그녀가 죽은 이후에도 계속 이어졌다.

신을 마침내 타지마할의 지하 묘소로 옮기면서 샤 자한은 그녀의 죽음을 비로소 받아들였던 것 같다.

첫눈에 왕자를 사로잡은 소녀

샤 자한의 왕자 때의 이름은 쿠람(Khurram 후람이라고도 한다)이다. 할아버지 악바르가 손수 지어준 이름으로 페르시아 말로 '기쁨'이라는 뜻이었다. 무굴제국을 대제국의 반열에 올린 3대왕 악바르(무굴제국의 사실상의 확립자. 40여 년의 치세 동안 영토확장 전쟁을 계속하여 고대 제국의 아소카 왕에 비견되는 대제국을 건설하고, 무굴 체제로 일컬어지는 정치체제를 확립하였다)는 어릴 때부터 총명하여 왕의 재목으로 손색이 없는 쿠람을 매우 아끼고 사랑하였다. 그의 아버지 자한기르 또한 쿠람을 다음 대의 왕으로 점찍고 있었다.

무굴제국은 중앙아시아에서부터 인도로 들어온 정복왕조로 이슬람교를 신봉하고 있었다. 무굴이란 페르시아어로 몽고인을 뜻하는 말로 무굴제국은 16세기부터 19세기까지 인도지역을 통치했다. 쿠람이 왕자이던 시기 무굴제국은 탁월한 왕이었던 할아버지 악바르와 이를 계승한 아버지 자한기르에 의해 바야흐로 전성기가 시작되고 있었다. 이러한 시기에 쿠람 왕자는 자질을 인정받아 나라의 미래를 책임질 왕으로 촉망 받고 있었다.

뭄타즈 마할의 결혼 전 이름은 아르주망 바누 베굼(Arjumand Banu Begum)으로, 페르시아 귀족 출신인 아자프 칸의 딸로 태어났다. 1607년 촉망받는 왕자였던 쿠람은 나이 15살에 한 살 어린 아르주망을 처음 만났다. 아버지를 따라 궁에 들어온 아르주망을 본 쿠람 왕자는 첫눈에 그녀에게 마음을 뺏겨버렸다. 페르시아 귀족의 후손인 아르주망은 절세미녀였던 고모 누르자한을 닮아 서아시아 여인의 아리따운 자태와 고귀한 몸가짐, 앞에 나서지 않는 조용한 성격이 주는 신비로움을 가지고 있었다. 아르주망의 아름다움에 쿠람은 단숨에 마음을 빼앗겼고 15살 푸릇푸릇한 사춘기에 시작된 이 첫사랑은 평생을 두고 계속되었다.

아르주망과의 만남은 왕자 쿠람에게는 가슴 설레는 첫사랑의 시작이었지만 한편으로는 왕으로 가는 탄탄대로에 걸림돌이기도 하였다. 그것은 아버지인 자한기르의 새 왕비가 된 누르자한('세계의 빛'이라는 뜻) 때문이었다. 누르자한은 아르주망의 고모이기도 했다.

누르자한은 페르시아 귀족의 후손으로, 첫 결혼에서 남편을 잃은 후 궁궐로 들어와 무굴제국의 3대왕 악바르의 아내 살리마 베굼을 섬기던 여인이었다. 그러던 중 4대 왕 자한기르의 눈에 들어 그의 여러 왕비 중 한 명이 되었다. 절세 미녀인데다가 예술에도 조예가 깊었던 누르자한은 그저 왕의 여자라는 자리에 만족하는 여느 왕비들과는 달랐다. 그녀는 정치에도 인생을 걸 줄 아는 탁월한 승부사였다.

누르자한은 처음부터 왕자 쿠람의 첫사랑에 장난질을 쳤다. 그녀는 아르주망에게 첫눈에 반한 쿠람의 마음을 뻔히 알면서도 결혼하기에 좋은 길일을 점지 받는다는 이유를 대며 그 둘의 결합을 질질 끌었다. 그 사이 쿠람은 사랑하는 여인 아르주망이 아닌 악바라바디 마할과 칸다하라 마할이라는 다른 두 명의 여인을 아내로 맞아야만 했다. 그러나 이 결혼은 그저 정치적인 결합이었을 뿐 아르주망을 향한 쿠람 왕자의 마음을 조금도 바꾸어 놓지는 못했다.

궁궐의 보석, 뭄타즈 마할

오매불망 아르주망과의 결합을 기다리던 쿠람은 마침내 첫 만남 후, 5년 만인 1612년에 그녀를 아내로 맞아들일 수 있었다. 결혼식 후 쿠람은 아르주망을 세상에서 가장 아름답고 품위 있는 여인이라고 칭송하였다. 그리고 〈궁궐의 보석〉이라는 뜻을 가진 뭄타즈 마할이라는 이름을 주었다. 사랑에 빠진 샤 자한에게 뭄타즈 마할은 궁궐의 보석일 뿐 아니라 세상에서 가장 귀중한 보석과도 같은 존재였다.

샤 자한의 궁궐

무굴제국은 16세기 초부터 19세기 중반까지 오늘날의 인도 북부와 파키스탄, 아프가니스탄에 이르는 지역을 지배한 이슬람 왕조이다. 왕위 싸움에서 승리한 샤 자한의 치세 기간은 무굴 제국의 전성기로, 문운(文運)이 최고조에 달했으며 영토는 데칸고원 남부에 이르렀다.

사랑하는 여인을 왕비로 얻었지만 쿠람의 고난은 이때부터 시작되었다. 누르자한이 이미 예약되어 있던 것과 다를 바 없던 쿠람의 왕위를 탐내기 시작한 것이다. 누르자한은 첫 결혼에서 얻은 딸을 쿠람의 남동생과 결혼시켰다. 그리고 쿠람에게 약속된 왕위를 빼앗아 사위인 쿠람의 남동생에게 주려는 음모를 꾸몄다. 아버지 자한기르는 누르자한의 치마폭에 싸여 이미 판단력을 상실한 상태였다.

어렸을 때부터 왕의 재목으로 자라온 쿠람과 왕의 권력을 등에 업은 야심가 누르자한의 일대 격돌은 불가피했다. 쿠람은 자신의 병력을 동원해 누르자한이 이끄는 아버지의 군대를 누르고 왕위 계승권을 지켜냈다. 그는 이 전투에 누르자한의 조카지만 이제는 자신의 아내가 된 뭄타즈 마할을 대동했다.

뭄타즈 마할은 고모의 편에 서지 않았다. 그녀는 남편의 편에 서서 그의 승리를 전심전력을 다해 도왔다. 뭄타즈 마할은 인정에 끌려 친정의 편을 들다가 자신의 사랑을 망칠 어리석은 여인이 아니었다. 오히려 남편 쿠람 왕자의 앞길을 막는 것이라면 그 어떤 것도 물리쳤으며 오로지 쿠람 왕자 한 사람에게 자신의 모든 것을 걸었다. 그것은 남녀간의 사랑을 넘어선 그 어떤 절대적 믿음, 신념에 가까웠다. 다른 두 왕비와 할렘의 수많은 미희들을 돌아보지 않고 자신만을 사랑해 주는 샤 자한의 지순한 사랑에 대한 뭄타즈 마할의 충심어린 보답이기도 했다.

쿠람 왕자는 그녀의 이러한 헌신에 감동했고 두 사람은 이 과정에서 더욱 결속되었다. 결혼 후 쿠람 왕자는 자신이 가는 곳 어디든 뭄타즈 마할을 대동했고 뭄타즈 마할 또한 전장이든 화려한 궁궐이든 언제 어디서든 남편과 함께하였다.

누르자한의 방해를 물리치고 무굴제국 5대 왕으로 왕위에 오른 쿠람은 스스로 이름을 샤 자한으로 고쳤다. 샤 자한이란 페르시아어로 〈세계의 왕〉이란 뜻이다. 그의 치세(재위 1628~1657)는 할아버지 악바르부터 시작된 무굴제국의 최전성기로써 샤 자한 또한 영토를 넓히고 국력을 튼튼히 하였으며 문예를 부흥시켰다. 과연 그의 할아버지 악바르가 인정한 왕의 자격을 갖춘 남자였던 것이다.

뭄타즈 마할은 샤 자한의 재능을 정확히 알고 믿었다. 그녀는 샤 자한의 곁에서 왕비라기보다는 현명하고 지순한 아내의 역할을 다하여 그가 자신의 능력을 십분 발휘할 수 있도록 도왔다. 뭄타즈 마할은 정치적 야망에 불타 남편 자한기르 왕을 술독에 빠뜨리고 자신이 직접 정치 일선에 나섰던 고모 누르자한과는 확연히 다른 태도를 보였다.

후덕하고 자애로우며 남편을 온 마음을 다해 돌보는 뭄타즈 마할의 정성에 샤 자한은 감동했다. 왕은 당대의 시인, 학자들을 동원하여 이토록 완벽한 아내 뭄타즈 마할을 찬양하는 글을 바치게 하였다. 샤 자한은 그 글을 뭄타즈 마할과 함께 보며 매우 기뻐했다고 한다. 그것은 뭄타즈 마할의 사랑에 대한 샤 자한의 선물이었다.

그렇다고 뭄타즈 마할이 내조에만 집중하며 정치에는 문외한이었던 것은 아니었다. 그녀는 샤 자한의 왕자시절부터 영토확장 전쟁에 모두 따라다니며 그를 보필했다. 샤 자한은 전쟁터에 나갈 때 천군만마의 군사보다 뭄타즈 마할의 동행을 더 든든히 여겼다. 생사를 건 거칠고 고통스러운 전장에서 뭄타즈 마할은 샤 자한을 위로하는 아름다운 여자였고 충성스러운 부관이었으며 현명한 참모였다.

샤 자한은 그녀를 여자로 사랑했을 뿐만 아니라 한 인간으로 믿었던 것 같다. 왕으로 즉위한 뒤 샤 자한은 왕의 옥새를 뭄타즈 마할에게 맡겨 오랫동안 자신을 사랑하고 보필해 준 아내에 대한 확고한 신뢰를 드러냈다. 이는 왕의 옥새가 필요한 나라의 중요한 결정에 뭄타즈 마할이 상당한 영향을 끼쳤음을 의미한다.

여기에 더해 뭄타즈 마할은 남편이 미처 돌보지 못하는 가난한 사람들을 돕는 자선사업에도 관심을 보였다. 전면에 나서지는 않았지만 뭄타즈 마할은 샤 자한의 뒤에서 충분히 정치적인 소임을 다했던 것이다.

뭄타즈 마할과 샤 자한의 사랑은 정신적인 신뢰뿐만 아니라 육체적인 면에서도 깊이 연결되어 있었다. 무굴제국은 비록 이슬람교를 신봉했지만 왕실은 인도 고대로부터 내려온 〈카마수트라〉 같은 성애에 대한 경전에 무지하지 않았을 것이다. 부부간의 아름다운 성을 권장하는 이

카마수트라(Kamasutra)

카마수트라는 고대 인도의 성애(性愛)에 관한 문헌
이다. 바츠야야나의 저술로 산스크리트어로 된
운문으로 쓰였으며, 고대 인도의 도시 생활, 각종
기예(技藝), 남녀 생활상, 성애의 기교와 미약(媚藥)
등을 다루고 있다. 이런 종류의 많은 책 가운데 가
장 오래되고 권위 있는 것으로 인정받고 있다.

슬람교도였던 만큼 그들의 육체적 사랑은 더할 나위 없이 쾌락적이었을 것이다.

깊고 열정적인 사랑을 증명하듯, 결혼생활 19년 동안 아이를 14명이나 임신할 만큼 뭄타즈 마할과 샤 자한의 금슬은 남달랐다. 이슬람교도인 샤 자한은 왕의 재력과 권력으로 수많은 여인들을 거느릴 수 있었음에도 불구하고 오로지 뭄타즈 마할의 침대 외에 다른 여인의 침상에는 오르지 않았다. 왕의 배려와 관심과 열정은 모두 뭄타즈 마할 한 여인에게만 집중되었다.

수많은 여자들에게 노출되어 있던 남편을 자신에게만 붙잡아 놓은 뭄타즈 마할의 매력은 사랑하는 남편에 대한 전폭적 믿음과 헌신, 그리고 그곳이 전장이든 궁궐이든 언제나 남편의 곁을 지키면서 다른 여인에게 자리를 내주지 않는 자신만만한 독점욕에 있었다. 샤 자한에 대한 그녀의 독점욕은 결국 자신이 죽은 이후 다른 왕비를 들이지 말라는 유언으로 이어졌다.

죽음이 우리를 갈라놓을지라도

정적을 물리치고 왕으로 즉위한 샤 자한은 제국의 수도를 아그라로 옮기고 아름다운 성과 궁궐을 지었다. 건축을 좋아했던 그는 자신의 권위를 웅장하고 화려한 건축물로 나타냈다. 샤 자한의 치세에는 그의 예술적 조예와 궤를 같이 하여 무굴제국은 최고의 문예 부흥기를 맞았다. 그는 자신의 고상한 취미를 뭄타즈 마할과 함께 향유하고 싶어 했다. 뭄타즈 마할도 남편 샤 자한과 마찬가지로 예술에 조예가 깊었다. 그녀는 강가에 아름다운 정원을 지어 그곳에서 많은 시간을 보냈다. 때로는 무굴제국의 상류층 여인답게 코끼리 경기와 격투기를 관람하는 것을 즐기기도 했다. 평화로운 시기에는 그녀도 누구 못지않게 왕비의 화려한 삶과 풍류를 즐길 줄 아는 여자였던 것이다.

그러나 샤 자한의 재위기에 무굴제국은 국경을 넓히는 전쟁을 계속하고 있었고 왕은 언제나 그 맨 앞에 서야만 했다. 결국 샤 자한의 문예에 대한 관심은 미처 매듭지어 지지 않은 영토 전쟁으로 뒤로 미뤄지기 일쑤였다. 샤 자한이 가는 곳이면 어디든 함께 갔던 뭄타즈 마할은 안락한 궁궐의 삶을 떨치고 전쟁터로 남편을 따라 나섰다. 뭄타즈 마할은 편안한 궁궐에서 남편을 기다리며 왕비로서 사치를 누리기보다는 거친 전장의 막사일지라도 사랑하는 남편과 함께하는 삶을 선택했다.

왕으로 즉위한 지 3년이 되던 해, 샤 자한은 데칸고원에서 전쟁을 치르고 있었다. 이 전쟁에도 여전히 뭄타즈 마할이 동행했다. 하지만 이번 원정은 뭄타즈 마할의 몸에 무리를 주었다. 그녀는 14번째 아이를 임신하고 있었고 산달이 다가오고 있었다. 샤 자한과의 19년 결혼생활 동안 13명의 아이를 낳았기에 출산은 뭄타즈 마할에게 그다지 부담스러운 일은 아니었을 것이다. 그러나 당시로서는 출산하기에 고령인 39세라는 나이와 출산하기에는 거친 전쟁터가 그녀의 몸에 이상을 가져왔다.

뭄타즈 마할은 14번째로 공주를 낳다가 결국 부르한푸르에서 세상을 떠나고 말았다. 이때 샤 자한의 나이 40세. 샤 자한은 아내의 죽음 앞에 속수무책인 자신을 책망했다. 이 원정이 끝나면 뭄타즈 마할과 아그라로 돌아가 새로 지은 궁전에서 그녀에게 안락한 호사를 누리게 해 줄 계획이었다. 사랑하기에 언제나 함께 있고 싶다는 욕심이 뭄타즈 마할의 죽음을 재촉했다는 자책감에 샤 자한은 신음했다. 결혼 19년 동안 험난한 전장에 끌고 다니며 고생만 시켰다는 후회가 밀려들었다.

죽기 직전 뭄타즈 마할은 그동안의 거친 생활을 보상이라도 받고 싶은 듯, 자신을 기념할 만한 안락하고 아름다운 무덤을 만들어 달라는 유언을 남겼다. 죽어서나마 평온을 가지고 싶었던 간절한 바람이었다. 샤 자한이 이제 사랑하는 아내에게 해 줄 수 있는 것은 그녀가 생전 누리지 못한 모든 아름다움과 화려함과 세련미를 갖춘 무덤뿐이었다.

샤 자한은 뭄타즈 마할의 유언을 지키기 위해 무덤을 만들기 시작했다. 그것도 겉모습만 웅장하고 규모가 큰 무덤이 아니라 안과 밖으로 모두 다 아름다운, 마치 뭄타즈 마할과 같은 미의 극치인 건축물을 지어야만 했다. 그는 외국에서 수많은 건축학자를 데려오고 온갖 보석을 수입했다. 수많은 노동자와 코끼리가 대리석을 나르고 예술가들이 대리석에 조각을 새겨 넣었다.

살아생전 뭄타즈 마할에게 아무것도 준 게 없다고 여긴 탓인지 샤 자한은 집착처럼 그녀의 무덤 타지마할을 치장하는 데 매달렸다. 뭄타즈 마할을 처음 만나고 사랑하고 결혼하고 함께 지낸 시간은 24년. 그녀가 죽은 후 무덤을 만든 시간은 22년이다.

샤 자한은 15살 때 매혹적인 소녀 뭄타즈 마할을 만난 이후 평생 그녀만을 사랑했다. 그리고 이제 타지마할을 지음으로써 죽음이 두 사람을 갈라놓는다 하더라도 절대 그 사랑이 변치 않을 것임을 증명하려 했다. 그는 타지마할이 완공된 후 그 건너편에 검은 대리석으로 타지마할과 똑같이 생긴 자신의 무덤을 만들어 구름다리로 연결할 계획이었다고 한다. 살아서 분신과 같았던 뭄타즈 마할과 죽어서도 분신으로 함께하려 했던 것이다.

영원히 함께 누운 두 연인

그러나 그의 검은 타지마할은 지어지지 못했다. 그것은 그의 치세 말기에 일어난 왕자의 난 때문이었다.

뭄타즈 마할이 죽은 후 샤 자한은 위안처럼 타지마할을 지으면서도 영토를 데칸 고원까지 넓히고 샬리마르 정원을 새로 건축하는 등 무굴 제국의 눈부신 황금기를 가져왔다. 그러나 뭄타즈 마할이 떠난 자리의 허전함은 그 무엇으로도 메울 수가 없었다. 그래서일까? 그는 뭄타즈 마할과의 사이에서 태어난 13명의 아이 중 살아남은 7명의 자녀들을 골고루 사랑해 주는 좋은 아버지가 되지는 못했다. 그는 뭄타즈 마할과 자신이 젊었을 때 낳은 장녀와 장남을 편애했다. 장녀 자한나라에게는 뭄타즈 마할이 남긴 재산의 반을 주었으며 장남 다라 시코에게는 다음 왕위를 물려줄 계획이었다.

그는 셋째아들 아우랑제브의 야망을 읽지 못했거나 혹은 무시했다. 그는 아우랑제브가 마치 젊은 날의 자신처럼 전장으로 뛰어나가 혁혁한 전과를 세워도 그다지 칭찬을 해 주지 않았다. 아버지의 관심을 받으며 아버지 이상의 훌륭한 왕이 되고 싶었던 아우랑제브는 샤 자한이 큰형 다라 시코만을 끼고 돌자 불만이 쌓여갔다. 오랫동안 아버지가 정복한 데칸 지역의 총독으로 복무하면서 중앙 정치에서 소외되었던 아우랑제브는 페르시아 상인 밀주믈라를 등용하여 세력을 키웠다. 그는 때를 기다리고 있었다.

타지마할이 지어지고 6년, 그 건너편에 검은 타지마할의 주춧돌을

타지마할 석관

타지마할 영묘 안으로 들어가면 중앙에 두 개의 석관이 안치되어 있는 단순한 형태의 공간이 나온다. 그러나 알록달록한 돌과 반짝이는 보석으로 화려하게 장식된 석관에는 아무것도 없다. 샤 자한과 뭄타즈 마할은 본관 아래층, 즉 지하에 있는 묘실에 고이 잠들어 있다.

놓을 때쯤 샤 자한은 병에 걸린다. 큰 병은 아니었지만 그의 병은 다 큰 자식들에게 자신들의 야망을 드러내기에 충분한 기회를 주었다. 왕위를 두고 왕자들끼리 전쟁이 일어난 것이다. 아우랑제브와 다라 시코의 왕위계승전쟁은 아버지의 품에서 떨어져 나와 거친 데칸고원에서 힘을 기른 아우랑제브의 승리로 돌아갔다. 샤 자한이 끼고 돈 장남 다라 시코와 다른 남자 형제들은 모두 아우랑제브의 칼에 살해당했다.

아버지의 편애를 오랫동안 원망해 온 아우랑제브는 샤 자한을 아그라 요새의 무심만 버즈 탑에 유폐시켰다. 아버지에 대한 아들의 원망이 얼마나 컸던지 샤 자한에게 주는 식수가 바닷물일 정도였다고 한다. 아들에게 감금당한 샤 자한에게 유일한 위안거리는 그의 탑 창문에서 바라다 보이는 타지마할이었다. 탑에 갇혀 타지마할을 바라보며 6년을 보낸 샤 자한은 결국 1666년 쓸쓸한 최후를 맞았다.

이제 무굴제국의 6번째 왕이 된 샤 자한의 셋째아들 아우랑제브는 아버지의 시신을 어머니 곁에 묻었다. 미워하던 아버지였지만 어머니에 대한 지극한 사랑만은 잔혹한 아들에게도 울림이 있었던 것 같다.

타지마할은 모든 면에서 강박적일 정도로 대칭과 평균을 이루는 건축 구조를 가졌다. 타지마할에서 유일하게 대칭이 맞지 않는 곳은 샤 자한과 뭄타즈 마할이 나란히 묻힌 묘지이다. 원래 자신의 무덤으로 검은 타지마할을 지으려 했던 샤 자한이었기에 타지마할 내에는 자신의 자리를 마련해 놓지 않았다. 그래서 샤 자한이 묻힌 자리만 대칭구조에서 벗어나 있다.

원래 사랑이란 짜여진 계획과 조화보다는 돌발적이고 유일하기에 더욱 빛을 발하는 것이 아닐까. 샤 자한의 계획대로 검은 타지마할이 지어져 마주보고 누운 아름다운 연인들의 묘소보다는 어딘지 일그러져 있지만 나란히 함께 누운 샤 자한과 뭄타즈 마할의 사랑이 비로소 완성되어 보이는 것도 그러한 이유 때문일 것이다.

독립적이고 당당하라

여성은 태양이었다

히라쓰카 라이초 · 모리타 쇼헤이 · 오쿠무라 히로시

1911년 일본에서 발간된 여성잡지 〈세이토〉의 창간사에서 주간 히라쓰카 라이초는 이렇게 말했다.
"원시 여성은 태양이었다. 진정한 사람이었다. 지금 여성은 달이다. 타인에 의존하여 살고
타인의 빛에 의해 빛나는 병자와 같이 창백한 얼굴의 달이다."
연애와 사랑 그리고 결혼생활에서 종속을 거부하고 남녀의 대등한 애정 관계를 원했던
히라쓰카 라이초는 비굴하지 않으며 눈치 보지 않는 사랑을 스스로 가꾸고 실천해나갔다.
그녀 스스로가 독립적이고 당당한 한 명의 여성이자 인간이었던 만큼 질곡의 시대를 살아가고 있던
당시의 여성들도 자아를 되찾고 스스로 빛나는 태양이 되기를 바랐다. 그러기 위해서는 아무도
가지 않는 가시밭길을 먼저 헤쳐 나가 뒤따라오는 사람들에게 길잡이가 되어줄 선구자가
필요했다. 히라쓰카 라이초는 그 고난의 길을 한 치의 망설임도 없이 기꺼이 선택했다.
그녀는 달이 아니라 너무나 눈부시게 빛나는 태양이었다.

보수적인 가정의 철학적 소녀
자유를 꿈꾸다

20세기 초반, 전통적 가부장제로부터 왜곡되어 나타난 남존여비의 사상이 만연하던 시기, 새롭게 밀어닥치는 서구의 합리적, 이성적 철학의 세례를 받은 새로운 여성군이 일본에 나타났다. 이른바 새로운 여성, 즉 '신여성'이라고 불리던 이들은 남성의 부속품처럼 여겨지던 여성을 하나의 독립된 인격으로 해방시키기 위해 무모하게도 자신들의 삶을 실험무대에 올렸다. 비록 보수주의자들의 반발과 설익은 사상으로 충격적인 해프닝, 사회부적응 등 다소간의 부작용도 있었지만, 자신의 인생 자체를 실험재료로 사용했던 만큼 그녀들은 진지했고, 필사적이었다. 신여성들은 사회적 정치적 경제적 독립뿐만 아니라 연애에서도 사랑에서도 모성에서도 자립한 인격을 추구했고, 자신의 선택에 대해 누구보다도 당당했다.

그 가운데 신여성들의 리더로 일본 여성 해방운동을 이끌었던 대표적인 여인이 히라쓰카 라이초였다.

히라쓰카 라이초(平塚雷鳥, 1886~1971)는 일본 메이지 시대(1868~1912)에 국책에 대한 충성도가 매우 높은 고급관료의 집안에서 태어났다. 시대는 도쿠가와 막부가 무너지고 메이지 천황이 직접 정치를 시작하면서 서구로부터 새로운 문화를 받아들이던 때였다. 히라쓰가의 아버지는 안으로는 매우 가부장적이고, 밖으로는 나라의 정책에 따라 발 빠르게 움직이는 사람이었다.

메이지 중기 녹명원이란 서구식 연회장이 생기면서 서구문화를 스펀지처럼 빨아들이던 '녹명원 시기'에 히라쓰카의 아버지는 나라의 정책에 따라 적극적으로 서구문명을 받아들였다. 일찍이 외교관으로 유럽과 미국을 순회하기도 한 그는 집안사람들에게 서양식 의복을 입게 하고 집안 분위기를 서구적으로 바꾸었으며 독일어를 익히는 등 외양적으로 가정의 서구화에 앞장섰다. 그러나 곧이어 정권이 국수적인 색채를 띠자 집안 분위기도 국책에 따라 복고로 돌아갔다. 히라쓰카의 어머니는 남편의 명령으로 단발을 했던 머리를 일본식으로 틀어 올리고 다시 기모노를 꺼내 입었다.

히라쓰카는 이러한 남성 중심의 독재적이며 가부장적인 집안에서 셋째 딸로 태어났다. 그녀의 어렸을 때 이름은 하루(明)이다. 라이초란 이름은 훗날 그녀 스스로 지은 이름인데 눈 덮인 고산지대에 사는 뇌조(雷鳥 라이초)에서 그 이름을 따왔다고 한다.

히라쓰카 하루는 요즘말로 말하자면 좀 늦되는 아이였다. 그녀는 자주 두통에 시달렸으며 입이 짧아 잘 먹지 못했다. 목소리는 작고 말이 거의 없어 어린시절 그녀는 주로 멍해 보였지만, 주변에 대한 관찰력만은 뛰어난 아이였다고 한다. 이러한 관찰력과 내성적인 성격은 그녀를 다소 철학적이고 어두운 소녀로 자라게 하였다.

고급관료 집안의 영양이었던 만큼 히라쓰카는 당대 여성이 누릴 수 있는 최고의 고등 교육과정을 밟았다. 소녀시절 그녀는 통칭 오차노미즈고녀로 불리는 동경 여자고등 사범부속 여학교에 다녔다. 오차노미즈고녀는 상류층 아가씨들을 상대로 현모양처의 소양을 가르치는 여학교였다. 남편을 잘 보필하고 아이들에게 좋은 어머니가 되는 것을 여성 최고의 덕목으로 치던 메이지 시대에는 지식인 여성들에게도 이러한 국가의 여성관을 강요했다.

오차노미즈고녀의 교육방침은 히라쓰카 하루를 숨 막히게 했다. 그녀는 학교 교육방침에 그대로 순응하지 않았다. 세상에 대한 말없는 관찰 속에서 자립심을 키워간 그녀에게 그저 아내로 어머니로 살아가는 삶은 지루하고 무의미해 보였다. 소녀시절 그녀는 자유를 꿈꾸었고, 스스로를 자립시킬 수 그 무엇을 찾았다. 자유롭게 떠돌아다니는 해적에 큰 매력을 느낀 히라쓰카는 친구들과 〈해적조〉라는 모임을 만들어 답답한 학교생활과 고압적인 가정 분위기 속에서 간신히 숨 쉴 구멍을 마련했다. 그리고 원치 않는 교육에 대한 중압감을 날려 버리려는 듯 테니스에 몰두했다.

오차노미즈고녀를 졸업한 후 여자는 많은 공부를 할 필요가 없다는 아버지의 반대를 무릅쓰고 히라쓰카는 어머니의 후원 하에 일본여자대학에 진학했다. 당시 여성에게 대학 교육이란 그야말로 최고의 엘리트 과정이었다.

이전의 여성교육기관과는 달리 여성에게 '자유, 자치, 독창'의 삶을 가르치던 일본여자대학에서의 생활은 히라쓰카에게 인생의 길을 비추는 한줄기 빛과 같았다. 그녀는 보수적인 집을 벗어나 대학 기숙사로 거처를 옮기면서 자유의 공기를 마셨고, 소녀시절부터 어렴풋이 찾아 헤매던 삶의 궁극적 이유를 찾아 좀 더 깊이 있는 탐구를 시작할 수 있었다. 이 시절 여대생 히라쓰카 하루가 빠졌던 것은, 여성에 관해 좀 더 진보적이었던 서양의 철학이 아니라 뜻밖에도 불교의 참선이었다.

장난스러운 키스

당시 히라쓰카 하루는 20대 초반이었다. 그녀는 청춘이었고 게다가 아름다웠다. 모리타 쇼헤이가 자신의 소설 〈매연〉에서 그녀를 모델로 한 여주인공을 '눈썹 사이에 어두운 그늘이 진, 한 번 보면 일생 동안 잊지 못할' 여인으로 묘사한 것을 보면 히라쓰카는 음울하지만 그래서 더 매력적인 여인이었던 것 같다.

히라쓰카는 〈혜훈〉이라는 법명을 얻고 닛포리의 해선사에서 참선을 하며 삶의 궁극을 찾았다. 그러나 20대의 그녀에게 참선은 아직 섣부른 도전이었다. 그녀는 호기심이 많은 피 끓는 청춘이었다. 그리고 훗날 그녀의 인생역정을 통해 알 수 있듯 면벽수도하는 참선의 정적인 세계는 히라쓰카의 성정에는 맞지 않았다. 그녀는 당시에는 깨닫고 있지 못했지만, 철학을 공부하고 문학을 읽는 것만으로 만족하는 타입은 아니었다. 생각하는 것이 있다면 몸소 체험을 해야만 했고 자기획득의 생명감이 빠지면 감동도 느끼지 못했다. 그녀는 탁상공론가가 아니라 모험가였고 실천가였다.

당시 그녀는 지식인 여성들 사이에 유행하던 서양식 의복을 입지 않았고 여학생들이 주로 입던 교복풍의 전통의복을 입고 다녔다. 그것도 유행하던 남보라나 적갈색이 아니라 올리브색이나 쥐색의 옷을 주로 입었다. 얼굴에 서늘한 그늘이 내린 미모의 여인이 여성들이 선호하는 밝은 색이 아닌 침착한 톤의 옷을 입고 절에 드나드는 모습은 매우 독특한 매력을 자아냈다. 해선사에서 참선하는 뭇 남성들은 그녀의 모습에 마음이 설레었다. 그 중에는 해선사의 젊은 주지였던 나카하라(中原秀嶽)도 있었다.

어느 늦은 밤 참선을 끝내고 귀가하는 히라쓰카를 배웅하던 나카하라는 그녀와 아주 짧은 키스를 나누게 된다. 평소 흠모해 마지않던 아가씨와의 키스는 순진한 젊은 승려를 흥분시키고 말았다. 나카하라는 그 짧은 키스 하나로 히라쓰카 하루와의 결혼을 결심했고 그녀가 원한다면 환속도 감행하려 했다.

히라쓰카는 당황했다. 당시 그녀는 괴테의 〈젊은 베르테르의 슬픔〉에 빠져 있었고, 나카하라와의 키스는 여주인공 로테의 마음을 체감하기 위한 작은 실험일 뿐이었다. 그녀에게 있어서 이 장난스러운 키스는 키스에 대한 호기심과 나카하라의 배려에 대한 고마움의 표시였을 뿐 그 이상도 이하도 아니었다.

그러나 여성의 정숙과 순결이 무엇보다도 강조되던 20세기 초에 혼기가 꽉 찬 숙녀가 장난스러운 키스를 자신에게 실험해 보았다고는 상상조차 할 수 없었던 나카하라는 히라쓰카에게 구차하게 매달렸다. 히라쓰카가 냉담하면 할수록 나카하라는 자신이 희롱 당했다는 분노로 더 끈덕지게 그녀에게 따라 붙었다. 결국 그 관계는 히라쓰카의 친구 기무라 마사코가 나서서 나카하라의 격정을 잠재움으로써 정리되었다.

작은 해프닝으로 끝난 이 일로 보아 히라쓰가는 이미 그때부터 사랑과 성욕을 구분할 수 있었고 자기 확신 없는 관계에는 휘둘리지 않는 감정적 자립을 이루고 있었던 것 같다. 그녀의 이러한 단호한 모습은 훗날 그녀가 남자를 가지고 노는 '색정광'이라는 오해를 불러일으키기도 했다.

어두운 매력을 품은 히라쓰카 하루

메이지 시대의 대표적인 여성 해방 투사. 정부의 감찰 기관인 검사원(檢査院)의 장까지 역임한 엄격한 아버지의 딸로 당시의 여성으로는 보기 드물게 대학까지 졸업한 고학력자다. 얼마든지 지체 좋은 신랑을 얻어 상류 계급의 안락한 생활을 할 수 있었지만 불교의 참선에 심취하면서 여성의 자유 독립과 평화 운동에 눈뜨게 된다. 일요일마다 아이들에게 일왕의 조칙을 낭독하고 충효를 설교하는 아버지에게 거부감을 느낀 그녀는 방황하는 대학시절을 보내고 마침내 페미니스트로 활동한다.

모리타 쇼헤이와의 만남

대학을 졸업하고 히라쓰카는 진로를 정하지 못한 채 이곳저곳을 기웃거렸다. 그녀는 영어학습소를 다니면서 그곳에서 주최하는 게이슈문학회에 1주일에 한 번씩 참가했다. 게이슈문학회는 이쿠다 조코가 이끌고 있었는데 강사진 속에 모리타 쇼헤이(森田草平, 1881~1949)가 있었다.

일본 중부 기후지방 출신인 모리타 쇼헤이는 동경제대 영문학과를 나온 엘리트였으며 일본의 대문호라고 불리는 나츠메 소세끼의 제자였다. 히라쓰카를 만날 당시 모리타는 고향에 아내와 자식을 두고 홀로 상경한 처지였다.

모리타는 어렸을 적 아버지가 사망 후 나타난 어머니의 정부로 인해 자신의 출생과 핏줄에 의구심을 품고 있는 우울하고 어두운 20대 중반의 청년이었다. 당시 세기말을 막 지나온 세계문학계는 센티멘털과 멜랑콜리를 바탕으로 하여 매우 염세적인 색채를 띠고 있었다. 자신의 어두운 심정을 세계적 문학유행에 감정이입한 모리타는 밝고 따뜻한 것보다는 어둡고 서늘한 것에 더 이끌리고 있었다.

그런 그 앞에 나이답지 않게 진중하며 우수를 띤 미모의 히라쓰카가 나타나자 모리타는 바로 그녀에게 빠져들었다. 그의 소설 〈매연〉 속에 묘사된 대로 히라쓰카의 미간에 서린 어두운 그늘에 반해 버린 것이다.

히라쓰카와 연문을 뿌린 모리타 쇼헤이

일본의 대문호 나쓰메 소세끼의 제자로 유부남이었음에도 히라쓰카에게 강력하게 빠져든다. 히라쓰카에게 집착하며 끝내 동반자살 사건을 일으킨다. 그 후 신문에 이 사건을 바탕으로 한 〈매연〉이라는 소설을 연재하여 유명세를 탄다.

두 사람의 만남의 매개가 된 것은 히라쓰카가 쓴 소설이었다. 강사였던 모리타는 〈사랑의 마지막 날〉이라는 히라쓰카의 습작 소설을 칭찬하면서 그녀에게 접근했다. 여자대학을 나와 자아가 강한 여주인공이 연애의 상대에게 불만을 가지고 지방 여학교의 교사로 떠나는 내용이었던 히라쓰카의 소설에 모리타는 성심어린 평가와 칭찬을 담은 편지를 보냈다. 엷은 묵으로 쓴 달필의 편지였다. 히라쓰카는 자신의 작품을 전문가에게 평가 받은 기쁨에 답장을 썼다. 그 후 1주일 만에 모리타는 히라쓰카와의 비밀스러운 첫 데이트에 성공했다.

이 데이트에 대한 두 사람의 태도는 확연히 달랐다. 모리타 쇼헤이는 처음부터 히라쓰카를 연애의 상대로 보고 그녀에게 접근했다. 그녀의 소설 같은 건 그녀를 만나기 위한 구실일 뿐 아무래도 좋았던 것이다. 그러나 하리쓰카는 달랐다. 그녀는 소설을 평가받은 데 대한 기쁨과 그녀보다 문학에 있어서 전문가였던 모리타에 대한 막연한 존경심을 가지고 그를 만났다. 히라쓰카에게는 처음부터 연애감정은 없었다.

그들은 동경 시내를 이리저리 쏘다니며 많은 이야기를 나누었다. 염세적 문학에 심취해 있던 모리타 쇼헤이는 역시 상당히 염세적이었던 히라쓰카에게 잘 보이기 위해 이태리의 염세적 소설가 단눈치오의 〈죽음의 승리〉를 언급하며 문학을 논했다. 그리고 우에노 공원의 벤치에서 히라쓰카 앞에 무릎을 꿇고 수줍게 그녀의 치맛자락에 입을 맞추고 사랑을 표현했다.

모리타는 남자에게 사랑을 고백 받은 여자의 감격과 수줍고 귀여운 모습을 히라쓰카에게 기대했을 것이다. 그런데 나름 중세 기사와 같은 모리타의 로맨틱한 연출적 행동에 대한 히라쓰카의 대답은 기대와는 전혀 달랐다. 그녀는 불만에 차서 이렇게 쏘아붙였다.

"그렇게 흉내 내는 것은 싫어요. 좀 더 제대로 확실하게 해 주세요."

보통남자에게 여성의 이런 말은 육체적인 도발이나 마찬가지였다. 모리타 또한 보통남자였다. 20세기 초, 성적으로 억눌려 있던 여성의 입에서는 도저히 나올 수 없는 말을 담대하게 내뱉은 히라쓰카에 대해 모리타는 타오르는 열정을 느꼈다. "제대로 확실하게 해 달라"고 요구한 히라쓰카의 진심이 무엇이었는지는 히라쓰카 본인의 해명이 없었기 때문에 아무도 모른다. 그것은 어쩌면 이런 치기어린 연애감정 따위가 아닌 좀 더 궁극적인 어떤 것을 보여 달라는 것이었을지도 모르고, 모리타가 오해했듯이 좀 더 확실히 성적으로 다가와 달라는 말이었는지도 모른다. 그 진의가 무엇인지는 알 수 없지만 모리타는 히라쓰카의 말을 육체적으로 해석했다.

그는 곧이어 히라쓰카를 요정으로 불러들여 '제대로 확실하게' 그녀와의 육체적 결합을 시도했다. 술이 불콰하게 오른 모리타는 이부자리에 누워 히라쓰카에게 동침을 요구했다. 그러나 돌아온 대답은 또다시 뜻밖의 것이었다.

"저는 여자가 아니에요."

뜨악해 하는 모리타에게 히라쓰카는 또다시 말을 보탰다.

"남자도 아니에요. 저는 그 이전의 것이에요."

그것은 히라쓰카 자신이 여성이기 이전에 인간이라는 선언과도 같은 것이었으며 그녀가 몇 년간 공부한 참선에서 말하는 '태어나기 전의 자기'라는 철학적인 세계를 설파한 것이기도 했다.

"연애와 성욕이 없는 인생은 어디에도 없습니다. 그러면 아무것도 없는 것이 아닙니까?"

라는 모리타의 설득에

"없는 것도 괜찮습니다."

라고 히라쓰카는 단언했다.

모리타는 히라쓰카 앞에서 점점 치졸해지는 자신의 감정이 부끄러웠다. 그리고 그토록 차갑고 흔들리지 않는 히라쓰카에게 자존심을 다쳤다.

이후 모리타가 보여준 히라쓰카에 대한 열정은 가히 병적이었다. 그는 하리쓰카에게 그녀를 '죽이겠다'고 선언하며 수도 없이 많은 편지를 보내고 수업 중에도 쪽지를 보내는 등 이상한 행동을 보이기 시작했다.

히라쓰카에게 보내는 모리타의 편지 내용은 점차로 집요하고 광적으로 변해갔다.

"나는 집요하게 당신을 사랑한다. 낮이나 밤이나 너를 그리워한다. 너를 사모한다."

"너는 젊어서 죽을 사람이다. 그러므로 죽는 순간이 가장 아름다운 너를 죽이고 싶다."

모리타의 광기에 대한 히라쓰카의 반응은 또 색달랐다. 그녀는 모리

타의 집착을 버거워 하거나 두려워하지 않았으며

"모든 모순을 포함하는 무의 세계가 나의 세계입니다."

라던가

"이미 죽음을 통한 적멸의 세계입니다."

라는 답장을 보내 모리타의 광기에 불을 질렀다.
결국 모리타는

"나는 당신을 살해할 생각입니다. 죽이는 것 외에 당신을 사랑하는 길은 없습니다."

라는 편지를 보냈고, 히라쓰카는 모리타의 그런 격정을 받아들여 주었다. 그것은 연애나 사랑의 감정이 아니라 그의 격정에 대한 보답이었으며 자신이 추구하는 사상을 온전하게 하기 위한 하나의 시도였다.

한편, 모리타의 광기는 실제로 히라쓰카를 죽이겠다는 것은 아니었다. 모리타는 사랑하는 사람과 함께 죽는다는 문학적인 열정을 통해서 단눈치오의 소설 〈죽음의 승리〉를 히라쓰카와 함께 연출하고 싶은 욕망이 컸던 것이다.

이렇게 해서 두 사람의 위험한 유희는 시작되었다.

눈 내리는 시오바라 온천의 두 남녀

1908년 3월 히라쓰카와 모리타는 집을 나왔다. 그들은 함께 죽을 장소를 찾아 북쪽으로 가는 기차를 탔다. 히라쓰카는 가슴에 단도를 품고 있었다. 갈 곳을 정하지 못한 그들은 이곳저곳을 헤매다가 일본 동북부의 도치키에 있는 시오바라 온천에 다다랐다. 처음 출발부터 죽을 생각이 없었던 모리타는 자꾸 시간을 끌었고, 그러는 동안 히라쓰카의 가출에 놀란 히라쓰카의 부모가 경찰에 실종신고를 냈다.

온천장에 묵은 그들은 이른 아침 죽기 위해 산으로 들어갔다. 그러나 쌓인 눈 속에서 두 사람은 악전고투하였다. 눈 쌓인 산속에서 그들은 길을 잃었고, 모든 것이 연출이었던 모리타는 히라쓰카가 품고 온 단도마저 계곡 아래로 던져버렸다. 사랑의 정사를 하기 전에 얼어 죽을 위기였다. 때마침 아침에 산으로 들어가 돌아오지 않는 수상한 남녀의 안전이 걱정된 온천여관 주인의 신고로 출동한 수색대가 눈 덮인 산속에서 그들을 찾아냈다.

일본 최고 엘리트 남녀의 정사 미수사건은 당시로서는 그야말로 센세이션한 사건이었다. 언론은 연일 얄팍한 흥밋거리를 찾아내 그들에 대해 떠들어댔고, 남자인 모리타보다는 히라쓰카에 대해 더 혹독했다. 유부남이었던 모리타와 죽음의 여행을 떠난 그녀의 당돌함에 혀를 찼고 갖가지 억측스런 기사로 그녀의 명예를 짓밟았다. 히라쓰카가 색정광이라느니, 전도양양한 젊은이를 죽음으로 몰아넣는 마녀라느니 하는 기사가 연일 떴다. 고위관료인 그녀의 아버지도 언론의 도마에 올랐다. 실제 사건의 주동자인 모리타에 대해서는 별다른 비난이나 황색 기사가 올라오지 않았다. 언론은 철저하게 남녀를 차별했다.

이 사건에 대해 모리타는 스승 나츠메 소세끼에게 이렇게 고백했다.

"연애 이상의 것을 추구했습니다. 인격과 인격의 만남 위에 영과 영의 결합을 기대했습니다."

한편 히라쓰카는 세간의 핍박에 의연했다. 이 사건으로 그녀의 아버지가 직장을 그만두게 되고 그녀 또한 일본여자대학의 졸업생 명부에서 이름을 삭제 당했지만, 그녀는 언론을 향해 일체 반응하지 않았다. 세상이 뭐라고 하든 그녀의 행동은 얄팍한 연애감정에서 기인한 것이 아니었기 때문이다.

히라쓰카는 모리타와 가출하기 전 이미 친구 기무라 마사코에게 보낸 유서에서 자신의 입장을 이렇게 해명했다.

"연애를 위해서 사랑을 위해서 죽는 것이 아니다. 내가 가진 체계를 관철하기 위해서, 나의 시스템을 완전하게 하기 위해서이다."

이 유서에서 모리타의 존재는 없었다. 그녀는 단지 자신의 삶과 사상을 완성시키기 위해서 죽음을 시도해 보았던 것이다. 그러기에 일명 '시오바라 사건'이라고 이름 붙여진 이 자살미수 사건은 그녀에게 별다른 수치로 여겨지지 않았다.

이 사건으로 폐인이 된 것은 오히려 죽을 각오가 없었던 모리타였다. 사건 이후 모리타는 '히라쓰카에 대한 집착을 버리지 못하고 다시 그녀 앞에 나타났다. 그러나 히라쓰카는 어떤 미련도 가지고 있지 않았다. 미칠 듯이 연모하는 여자에게 자신의 치졸한 밑바닥까지 다 보여 버린 남자가 구제받을 길은 어디에도 없어 보였다. 히라쓰카의 차가운 외면에 더 이상 아무런 가능성도 남아 있지 않다고 깨달은 모리타는 두 사람의 사건을 소설로 쓰는 복수 아닌 복수를 감행했다. 그의 소설 집필을 독려한 것은 다름 아닌 스승 나츠메 소세끼였다.

나츠메 소세끼는 그 사건 이후 제자인 모리타 쇼헤이를 철저히 보호했다. 모리타가 소설을 쓰고 있다는 이야기를 들은 히라쓰카의 어머니는 잠잠해진 추문을 다시 일으키는 짓을 그만둬 달라고 요구하였지만 모리타를 보호하고 있던 나츠메 소세끼는 '이 남자에게는 쓰는 것 외에 살 길이 없습니다'며 그 요구를 일축했다.

이듬해 모라타 쇼헤이는 시오바라 사건을 바탕으로 한 소설 〈매연〉을 아사히신문에 연재했다. 소설의 문학적 완성도 여부를 떠나 스캔들에 대한 당사자의 고백에 흥미를 느낀 독자들의 폭발적 반응으로 모리타는 재기했다. 그리고 이때 얻은 명성을 바탕으로 모리타는 평생을 유명 소설가로 살아갈 수 있게 된다. 사건의 전말을 아는 일부 사람들은 〈매연〉을 읽고 '잘도 거창하게 허풍을 떨어 놓았군'이라고 평가했다고 한다.

모리타의 일련의 움직임에 대해서도 히라쓰카는 역시 아무런 반응을 보이지 않았다. 그녀는 다시 참선의 세계로 들어갔으며, 아이러니하게도 모리타가 그토록 가지고 싶었던 그녀의 육체는 전날 그녀와 장난스런 키스를 한 해프닝을 벌였던 승려 나카하라의 것이 되었다. 이 처녀성의 상실에 대해서도 히라쓰카는 그저 무덤덤하게 성에 대한 호기심에서 해 본 일이었다고 훗날 회고했다.

여성은 태양이었다

물론 '시오바라 사건'을 겪으면서 히라쓰카에게도 깨달음은 있었다. 아무리 그녀가 세상과 상관없이 살아가려고 하여도 시대적 상황 속에서 형편없는 여성의 지위가 바로 자신에게도 적용된다는 사실이었다. 사건 이후 언론의 태도나 남성 지식인들이 그녀에게 보인 반응에 하라쓰카는 여성의 지위에 대해 고민하지 않을 수 없었다. 이것은 관념적 세계에서 만 머물던 히라쓰카를 현실 세계로 나오게 한 계기가 되었다. 이후 그녀는 이전의 철학적, 사념적 태도에서 벗어나 적극적인 사회 운동가로 변신하게 된다.

그 첫걸음이 〈세이토青鞜〉의 창간이었다. 그녀는 문학적 스승이던 이쿠다 조코의 조언으로 평생의 후원자였던 어머니가 자신을 위해 모아놓은 결혼자금을 먼저 받아내 세이토사를 차리고 여성들만의 손으로 만든 여성만의 잡지 〈세이토〉를 창간했다. 잡지명은 18세기 영국의 여성참정권운동 모임인 몬테규 부인의 살롱을 드나들던 여성들이 푸른 모직 스타킹을 신은 데서 나온 〈블루 스타킹 소사이어티bluestocking Society〉에서 따온 이름이었다. 잡지명은 이쿠다의 조언으로 지었다.

이때 히라쓰카 하루는 '라이초'란 필명을 지어 활동했다. 고산지대에서 인간과 접하지 않고 고고하고 외롭게 살아가는 뇌조에서 따온 이름이다. 고고한 삶은 그녀가 추구하는 삶이었으며 이 라이초라는 필명은 '시오바라 사건' 이후 그에 대한 히라쓰카 본인의 심정을 유일하게 드러낸 것이었다.

히라쓰카 라이초라는 이름으로 그녀는 〈세이토〉의 창간호에 당대 여성들의 마음에 커다란 파문을 던진 발간사를 발표하였다. 그것이 바로 '원시 여성은 태양이었다……'로 시작하는 창간사였다. 이 말은 그 이후로 일본 페미니즘의 상징이 되었다. 달이 태양의 빛을 받아 빛나듯 가부장적인 사회에서 타율적인 존재로 전락하고만 여성들이 다시 원시의 자립과 자유를 되찾자는 것이 히라쓰카와 그 동료들의 주장이었다.

1911년에 히라쓰카와 함께 〈세이토〉를 만든 여성들은 이후 그야말로 일본여성해방운동을 이끌어간 주역들이 되었다. 그들의 활동은 일본에만 그치지 않고 동아시아 전체에 영향을 미쳤고 한국에서는 나혜석, 김일엽 등의 여성운동가들에게 영향을 미쳤다.

〈세이토〉는 판매부수는 많지 않았지만 그 사회적 파장은 너무나 컸다. 여성들이 남성의 손을 빌리지 않고 스스로를 대변하는 잡지를 만들어 내고 그 안에서 여성의 독립과 자유를 주장한 일은 일본 역사상 전무한 일이었다. 〈세이토〉는 여성의 성에 대한 결정권, 가사 전담의 부당성, 아동 양육의 사회적 책임, 여성의 경제적 독립 필요성 등 그때까지 들어본 적이 없는 의제를 과감하게 실었다.

그러나 시대에 비해 너무 앞서 나갔던 〈세이토〉의 여성들은 매일 현실과 부딪혀야만 했다. 당대의 국책이었던 현모양처의 양성과는 위배되는 내용을 실었다는 이유로 〈세이토〉는 무수한 핍박을 받았다. 간통을 찬양했다고 꼬투리를 잡아 잡지가 정간되기도 하였고, 일부 학교에서는 잡지를 애독하는 교사들을 적발해 파면하고 학생 애독자를 퇴학시키기도 하였다. 여성을 타락시키는 라이초에게는 "죽이겠다"는 협박장이 오고 그녀의 집안으로 돌이 날아왔다.

그러나 히라쓰카는 세간의 비판에 의연했다. 자신이 원하는 세상을 위해서는 그런 고난과 비난쯤은 감수할 수 있었다. 개인적인 삶에서도 그녀는 독립의 길을 걸었다. 그녀의 활동을 반대하고 비난하는 아버지로부터 독립을 하여 혼자 살기 시작한 것이다. 그리고 스스로 '새로운 여성'을 선언하며 자신의 생각을 관철시키기 위해 세상과 온몸으로 부딪혀나갔다.

그 와중에 히라쓰카 라이초는 남녀 간의 사랑에 대한 또 하나의 실험을 하기에 이르렀다. 그러나 이 실험은 지난날 이성과 관념에 바탕을 둔 차가운 실험과는 차원이 다른 실험이었다. 히라쓰카 라이초 그녀 스스로 열정적인 사랑에 빠져버린 것이다.

라이초가 창간한 여성 동인지 〈세이토〉와 동료들

1911년에 몇 명의 동지들과 함께 잡지 〈세이토〉를 만들어 여성 해방의 담론을 일본 역사상 최초로 펴냈다. 이 잡지 창간호에서 라이초의 사설은 "원시에 여성은 태양이었지만 (…) 지금 달이 됐다"는 문장으로 시작됐는데, 이 말은 그 이후로 일본 페미니즘 의 상징이 되었다. 달이 태양의 빛을 반영하듯이 가부장적인 사회에서 여성도 타율적인 존재로 전락하고 말았다는 현실을 라이 초와 그 동지들은 격파하고자 했다. 여성의 성에 대한 결정권, 여성의 가사 전담의 부당성, 아동 양육의 사회적 책임, 여성의 경 제적 독립 필요성 등 그때까지 들어본 적이 없는 의제를 설정해 2천~3천 부 팔리는 부수에 비해 사회에 커다란 파장을 일으켰 던 〈세이토〉는 1916년까지 나왔다가 폐간되고 만다.

조용한 연못에 날아든 제비

그녀에게 반한 어떤 남성에게도 마음을 다 허락하지 않았던 히라쓰 카를 사랑에 빠뜨린 이는 5살 연하의 화가지망생 오쿠무라 히로시(奧村 博史 1889~1964)란 청년이었다. 히라쓰카가 21세의 오쿠무라를 만난 곳 은 그녀와 각별한 사이였던 후배 오다케 코키치가 폐병 치료차 요양을 갔던 가나가와의 휴양지 모게키에서였다.

히라쓰카 라이초와 오다케 코키치는 동성애를 나누는 것이 아닌가 하고 주위에서 수근 댈 정도로 밀착된 선후배 관계였다. 오사카의 예 술가 집안에서 태어난 자유분방한 성격의 오다케 코키치는 히라쓰카 를 숭배했고 히라쓰카는 그런 오다케가 어떤 실수를 하더라도 감싸고 돌았다.

오다케가 결핵이라는 당시로서는 큰 병에 걸리자 히라쓰카는 요양 처 모게키까지 따라가 병원 근처에 집을 빌려 머물면서 오다케를 간호 했다. 그들의 관계가 동성애 사이였는지 아닌지는 확실하지 않다. 다만 당시까지 히라쓰카와 오다케의 관계가 우정 이상의 감정이었던 것만은 확실하다.

모게키에서 두 사람의 생활이 시작되고 얼마 지나지 않아, 오다케를 병문안 온 한 지인과 함께 오쿠무라 히로시란 남자가 따라왔다. 오쿠무라 히로시와 하라쓰카 라이초의 만남은 운명적이었다. 두 사람은 첫눈에 반했고 급속도로 열정적 사랑에 빠져들었다. 남자들에게 그토록 까다롭게 굴었던 예전의 히라쓰카가 아니었다. 히라쓰카는 적극적으로 오쿠무라를 원했고 그와 함께 있으려 했다. 두 사람은 연애가 시작된 지 얼마 되지도 않아 동거에 들어갔다.

히라쓰카가 오쿠무라의 어떤 부분에 반했는지는 정확히 모르지만, 이전에 그녀가 거부했던 남자관계를 보면 쉽게 추측해 볼 수도 있을 것 같다. 연하였던 오쿠무라는 나카하라나 모리타처럼 사랑을 리드하려고 무리하지 않았을 것이고 히라쓰카를 존중했을 것이다. 이미 어떤 식으로든 사회적 명사가 되어 있었던 히라쓰카를 존경으로 대했을 것이며, 그녀의 사상과 활동을 인정하고 협조적이었을 것이다. 남녀가 서로에게 종속되지 않고 대등하게 마주보며 존경하는 사랑이야말로 히라쓰카가 일찍이 원했던 바로 그런 사랑이었다. 남자이기 때문에 그녀를 종속시키겠다는 허세도 오쿠무라에게는 없었던 것 같다.

히라쓰카와 오쿠무라의 뜨거운 사랑에 질투를 느낀 것은 오다케였다. 오다케는 다시 히라쓰카의 관심을 받기 위해 오쿠무라에게 헤어지라고 종용하는 협박성 편지를 수차례 보내며 소동을 일으켰다. 그로 인해 히라쓰카와 오다케의 우정 이상의 관계에 균열이 생기기 시작했고, 그 갈등으로 오다케는 세이토사를 떠나 버렸다.

히라쓰카와 오다케, 기가 센 두 여자들 사이에서 오쿠무라는 괴로웠다. 그의 친구들도 오쿠무라에게 히라스카와 그 동료들에게 휩쓸리지 말라고 충고했다. 오쿠무라는 자신으로 인해 일어난 세이토사의 분열도 참기 힘들었다. 결국 오쿠무라는 히라쓰카에게 편지 한 장을 남기고 결별을 선언했다.

"조용한 연못에서 물새들이 다정하게 노닐고 있는데 한 마리의 제비가 날아와 평화를 어지럽혔습니다. 어린 제비는 연못의 평화를 위해 날아가겠습니다."

조용한 연못의 물새들이란 히라쓰카와 그녀의 동료들이고 제비는 오쿠무라 자신을 뜻했다. 이 편지로 인해 이후 일본에서는 연상의 여인과 사귀는 젊은 남자를 제비라고 부르게 되었다고 한다.

자신으로 인해 분쟁이 생기는 것이 괴로웠던 오쿠무라는 차라리 이별을 택했다. 참으로 산뜻하고 가벼운 이별선언이었다. 이제까지 자신에게 구차하게 매달리는 남자들만 보아왔던 히라쓰카에게 오무쿠라의 행동은 너무도 신선했다. 이 이별 선언으로 히라쓰카에게 오쿠무라는 더 사랑해 마지않는 사람이 되어 버렸다.

히라쓰카는 오쿠무라와 자신의 사랑을 〈세이토〉에 낱낱이 소개하

동거를 시작한 히라쓰카 라이초와 오쿠무라
사랑에는 냉소적이던 라이초였지만. 진정 사랑하는 사람을
만났을 때는 거침없이 행동으로 옮겼다. '결혼'이라는 제도 자
체를 부정했던 라이초는 5살 어린 오쿠무라와 동거를 시작하
면서 또 한 번 사회적 파장을 일으킨다.

고 또한 오쿠무라에게 다시 돌아와 달라는 간절한 부탁도 〈세이토〉에 올렸다.

"아 저 아름다운 새가 제비라고 하는 것이구나. 하지만 진짜로, 내가 알고 있고, 그래서 사랑하고 있는 그 제비라면 반드시 계절이 돌아오면 거리 저 술집의 처마를 방문하는 것을 설마 잊지는 않겠지요. 반드시 계절이 돌아오면은요."

이것은 히라쓰카 라이초의 인생에 있어서 전혀 있을 것 같지 않던 연인에 대한 간절한 호소였다. 그것도 공개적인 호소였다. 결국 히라쓰카의 노력으로 두 사람은 다시 결합했다.

그런데 이 결합이 또 세상에 큰 파문을 일으켰다. 히라쓰카는 오쿠무라와 같이 살면서 결혼식도 올리지 않았고, 그와 혼인신고도 하지 않았다. 히라쓰카에게는 이것 또한 새로운 남녀관계를 제시하는 하나의 실험이었다. 결혼을 하면 법적으로 남자에게 종속되어 버리는 일본의 법제도에 대한 하나의 외침이었던 것이다.

히라쓰카의 이런 의도를 이해하지 못하는 세상은 두 사람의 동거에 대해 왈가왈부 말들이 많았다. 부정을 저지르지 않은 두 남녀의 순수한 결합임에도 불구하고 두 사람의 관계는 어둡고 부끄러운 것으로 비난

받았다. 그러나 히라쓰카 라이초와 오쿠무라 히로시는 세상의 비판 앞에 당당했다. 히라쓰카는 오쿠무라와의 사이에서 1남 1녀의 자식을 낳고 자신의 호적에 올렸다. 두 사람은 법적으로 묶이지 않고도 가정을 이루고 오랫동안 서로 사랑하며 동거관계를 이어갔다.

다만 폭압적인 일본 제국주의가 비정상적으로 팽창하면서 일으킨 태평양 전쟁기에 징집된 아들이 사생아라는 딱지를 받고 군대에서 불이익을 당할 것이 두려웠던 히라쓰카는 하는 수 없이 오쿠무라와 혼인 신고를 하였다. 이것은 히라쓰카의 세계관에 하나의 오점으로 볼 수도 있지만, 한편으로는 모성을 솔직하게 인정하고 자식에 대한 사랑으로 자신의 가치관을 바꿀 수 있는 히라쓰카 라이초다운 용기 있는 선택이었다고도 할 수 있을 것이다.

대등하게 서로를 마주보는 남녀관계

히라쓰카 라이초는 사회활동가였지 돈을 벌어들이는 능력이 따로 있는 사람은 아니었다. 오쿠무라 히로시는 사랑하는 여인을 위해 자신의 유화를 팔아 그녀의 활동 자금을 댔다. 그는 잘 팔리는 화가는 아니었지만 금속공예와 보석 디자인에 탁월한 재능을 보였다. 그 즈음 오쿠무라 히로시는 일본 보석공예사에 하나의 획을 그었다.

히라쓰카 라이초가 만들어 사회와 여성의 의식혁명을 일으키고 여성운동의 모체가 된 〈세이토〉는 1916년 점점 심화되는 일본의 제국주의 정책에 의해 폐간 조치되었다. 한동안 아이를 기르느라 히라쓰카 라이초가 사회활동을 자제했던 시기에 일어난 일이었다.

히라쓰카 라이초는 1918년부터 1919년까지 세이토의 동료였던 요사노와 모성보호 논쟁을 벌였다. 아이를 11명이나 둔 요사노가 여성이 경제적으로 자립하지 않은 상태에서 결혼하고 아이를 낳아 국가의 보호를 요청하는 것은 사회에 대한 응석이라는 의견을 내놓자 히라쓰카는 그 의견에 반발했다. 아이를 낳고 기르는 데에 국가의 보호가 반드시 필요하다는 것이 히라쓰카의 주장이었다. 모성을 가지고 후세를 낳아 길러야 하는 여성을 국가가 돕지 않는 것이 바로 남녀 불평등의 시작이라고 히라쓰카는 보았다. 그녀의 모성보호론은 오늘날의 국가적 모성보호 정책과 일맥상통한다. 그만큼 히라쓰카 라이초는 여성의 현실과 미래에 대해 앞선 생각을 가지고 있었다.

히라쓰카 라이초는 지식인 여성들뿐만 아니라 사회적으로 핍박받고 착취당하는 하층의 여성들에게도 눈을 돌렸다. 아이치현의 섬유공장을 시찰한 후 여성노동자들의 비참한 실태에 충격을 받은 그녀는 신부인협회의 설립을 구상했다. 그녀의 구상을 현실화할 수 있도록 신부인협회

라이초 가족사진과 반전운동을 펼치고 있는 노년의 라이초

오쿠무라와 동거를 시작한 라이초는 슬하에 1남1녀를 두고 마지막까지 가족을 지켰다. 그녀는 남편의 전폭적인 지지를 받으며 노년에는 반전 평화운동에 적극적으로 참여했다. 너무 앞서 갔기 때문에 사회적으로 지탄과 핍박을 받았으나, 라이초는 자신의 의지와 사랑을 실현했던 행복한 여인이었다.

기관지의 발행비용 등 운영자금을 댄 것은 오쿠무라 히로시였다. 오쿠무라는 히라쓰카의 가치관에 전적으로 동의했으며 그녀가 생각하는 세상을 앞당기기 위한 운동을 전폭적으로 지지했다. 신부인협회는 여성참정권 획득운동으로 활동을 확대해갔고 1922년 일정한 성과를 거둔 뒤 해산했다.

이후 히라쓰카 라이초는 정치운동에서 손을 떼고 집필활동 및 소비조합운동 등에 종사했다. 2차대전에서 일본이 패전한 후 한국전쟁을 계기로 전면강화, 재군비 반대, 세계평화 수립을 위한 평화운동에도 나섰다. 오쿠무라 히로시는 히라쓰카 라이초와 함께 이들 운동에 참여했다.

만년에 히라쓰카 라이초는 일본부인단체연합회 명예회장과 국제민주부인연맹 부회장 등의 직책을 맡으면서 이른바 여성운동의 상징적 존재로 활약했다. 〈여성들은 모두 하나하나 천재가 있다〉라고 선언하고 고고한 행동가로서 죽을 때까지 부인운동 및 반전 평화운동에 헌신했던 것이다.

히라쓰카 라이초는 태양과도 같은 삶을 살았다. 그녀는 스스로 빛나지 않는 달의 위치를 거부했으며 자신의 빛을 가두려는 남녀 관계를 용납하지 않았다. 히라쓰카 라이초가 가장 아름답게 빛날 수 있도록 인정해 준 남자 오쿠무라는 태양과도 같은 여자와 함께 평생을 함께했고 죽어서도 그녀와 함께 묻혔다.

4장

절망도 함께 나누어라

우리에게 내일은 없다

보니 파커 · 클라이드 배로우

보니 파커와 클라이드 배로우는 1930년대 대공황기 미국중남부 지역을 범죄로 휩쓸며 무섭게 질주했다.
훔친 포드 V8를 미친 듯이 몰고 브라우닝 자동 라이플을 사정없이 쏘아대며 그들은 오늘 세상이
끝날 것처럼 순간순간을 즐기고 미래를 포기했다. 그들은 내일이 없는 절망 속에서 서로를 찾아냈고
그 깊은 절망을 나누며 하나가 되었다.
도주의 불안과 시시각각 다가오는 죽음의 그림자조차도 그들을 갈라놓지 못했다.
내일을 버린 찰나 같은 나날 속에서도 그들이 마지막 구원처럼 놓지 않고 있었던 것 단 하나, 서로에 대한
절망어린 사랑이었다. 절도와 강도와 살인이라는 잔혹한 범죄행각으로 얼룩진 나날을 보내면서도 사랑 하나만은
순결하게 지켜내고 싶었던 보니 파커와 클라이드 배로우는 비록 태어난 날은 서로 달랐지만 함께 죽었다.
그리고 그들은 보니와 클라이드라는 이름으로 절망 속에도
푸르른 청춘과 사랑의 아이콘이 되었다.

가난한 웨이트리스 보니,
반항아를 만나다

1930년 1월 스무 살의 보니 파커(Bonnie Parker, 1910~1934)는 웨스트 달라스에 있는 친구의 집에 머물고 있었다. 불경기로 인해 그녀는 얼마 전 그나마도 겨우 붙잡고 있던 웨이트리스 자리를 잃었다. 팔이 부러진 친구를 돕는다는 명목으로 친구의 집에 머무르고 있었지만, 사실은 가난한 어머니의 집으로 돌아가 짐이 되고 싶지 않아서였다.

16살에 충동적으로 결혼한 남편 손튼은 얼마 전 강도사건을 일으키고 형무소에 수감되어 있었다. 고등학교를 마칠 때까지 성적도 우수했고 글쓰기에 뛰어나 문학상을 타고 말하기대회에서 상을 탄 적도 있는 보니였지만 바야흐로 대공황을 맞이한 미국 사회는 지방의 고졸 출신에게 제대로 된 일자리를 마련해 주지 않았다. 하루 벌어 하루 먹고 사는 내일을 기약할 수 없는 나날이 계속되었고 그마저도 쉽지 않아 그녀는 이 식당에서 저 식당으로 일자리를 옮겨 다녔다.

웨이트리스 시절의 보니를 기억하는 사람들은 그녀가 밝고 친절했으며 가난한 사람들의 밥값을 대신 내 주는 상냥함도 가졌다고 했다. 그러나 희망 없이 매일 매일을 고된 노동에 시달리며 살아가는 삶은 보니를 점점 지치게 했다. 이제 보니는 갓 스무 살이 되었지만 대공황기의 세상은 그녀에게 장밋빛 내일을 꿈꾸게 하지 않았다. 오늘보다 더 나아질리 없는 내일 아니, 오늘보다 더 못할 수도 있는 내일은 차라리 오지 않는 편이 낫다고 생각했다. 그녀에게 이미 삶은 끝나지 않는 지루하고 고단한 여정처럼 느껴졌다. 어차피 이대로 지리멸렬하게 미래도 없이 계속될 인생이라면 차라리 '큰 것 한방' 터뜨리고 스스로 인생을 끝장내는 편이 더 낫다고 생각했을지 모른다. 그녀에게는 어떤 식으로든 삶의 무게를 벗어던질 탈출구가 필요했다.

그날 보니는 친구의 집 부엌에서 핫초콜릿을 만들다가 문득 창밖을 내다보았다. 중절모자를 비뚜름하게 쓰고 입가에 미소가 싱그러운 매력적인 남자가 걸어오고 있었다. 클라이드 배로우(Clyde Barrow, 1909~1934)였다. 클라이드는 얼마 전 좀도둑질로 형무소에 들어갔다가 막 출소하는 참이었다. 동네 친구가 팔이 부러졌다는 소식을 듣고 병문안 차 들렀던 클라이드는 그곳에서 보니를 만났다.

클라이드 배로우는 보니보다 한 살 위였다. 유쾌한 웃음과 재미난 농담을 던질 줄 아는 곱슬머리 갈색 눈의 핸섬한 청년이었지만 그의 처지도 보니와 별반 다르지 않았다. 아니 보니 보다 더 절망적인 상태였다고 해야 할 것이다.

그는 텍사스 빈농의 7명의 아이 중 5째로 태어났다. 먹을 것이 풍족하지 않았기 때문에 클라이드는 어릴 때부터 형제들과 함께 좀도둑질을 하며 자랐다. 차를 훔치고 이웃의 칠면조를 훔치면서 클라이드는 감방을 들락거렸다. 또래의 젊은이들과 어울려 다니며 이런저런 작은 문제들을 일으키면서 성장한 클라이드가 20대에 들어섰을 때 세계적인 대공황이 밀어닥쳤다. 1929년 10월 24일 뉴욕 월가에서 주가가 대폭락한 데서 시작된 공황은 1933년 말까지 거의 모든 자본주의 국가들로 퍼졌고 그 여파는 1939년까지 이어졌다. 많은 기업들이 도산했고 거리에는 실업자가 넘쳐났다. 모든 경제활동은 마비되었고 생계형 범죄가 급증했다. 그 어디에도 20대 초반의 전과경력이 있는 청년이 들어갈 일자리는 없었다.

기술도 경력도 없는 청년 클라이드가 살기 위해 할 수 있는 일이라곤 어릴 때부터 일삼아온 좀도둑질을 계속하는 것뿐이었다. 클라이드처럼 일자리를 얻지 못한 청년들은 손쉽게 구할 수 있는 라이플을 들고 갱단으로 변해갔다. 클라이드도 예외는 아니었다.

그는 형 벅과 함께 소규모 갱단을 만들어 지방의 작은 식료품점이나 주유소를 털었다. 꿈도 희망도 없는 시대에 도덕심은 마비되었고 일부에서는 갱이 영웅시 되기도 하였다. 체포되어 형무소에 들어가면 잔혹한 환경 속에서 수감자들은 죄를 뉘우치기보다는 더욱더 악랄한 범죄자로 변해갔다. 클라이드도 형무소를 거쳐 간 다른 사람들처럼 출소 때마다 범죄의 강도가 점점 심해지고 있었다. 보니를 만났을 당시 클라이드는 또다시 텐톤과 와코에서 현상수배된 몸이었다.

보니에게 클라이드는 고단한 삶을 해결해 줄 남자는 아니었지만, 함께 절망을 나누기에는 충분한 사람이었다. 클라이드에게 보니 또한 그 누구보다 자신의 절망을 잘 이해해 줄 여자였다.

보니와 클라이드는 첫눈에 서로에게 반했다. 보니는 클라이드를 어머니에게 소개까지 했다. 그녀의 어머니는 클라이드의 첫인상을 사랑스럽고 매력적인 젊은이었다고 회상했다. 실제로 클라이드는 호리호리한 몸매에 조용하고 점잖은 매너를 가진 누구에게나 호감을 줄 만한 외모를 가진 청년이었다. 단시간에 서로에게 강렬하게 이끌렸지만 둘의 만남은 짧게 끝났다. 수배 중이던 클라이드가 체포되었기 때문이다.

희망 대신 찾은 절망 속 사랑

체포된 클라이드는 1930년 4월에 텍사스 이스트햄 형무소에 수감되었다. 이때 그는 악몽과도 같은 커다한 시련을 겪게 된다. 고참수감자로부터 거의 1년가량 지속적으로 성추행을 당한 것이다. 이때의 충격으로 클라이드는 발기불능의 성불구자가 되었다고 한다. 고통의 나날을 보내던 클라이드는 면회를 온 보니에게 자신의 처지를 호소했다. 보니는 클

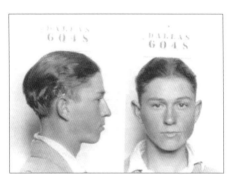

클라이드 배로우

대공황이란 1929년 10월에 일어난 뉴욕 증권시장의 주가대폭락을 계기로
하여 30년 대에 엄습한 세계적 불황을 말한다. 일자리를 구할 수 없는 많은
젊은이들이 총을 들고 거리로 나왔다. 클아이드는 곱상한 외모에 유쾌한 성
격의 소유자였으나 시대적 어려움을 극복하지 못하고 비운의 갱스터로 전락
하고 만다.

라이드의 탈옥을 돕기로 결심한다.

그녀는 클라이드의 지시대로 동료수감자 부모의 집에서 총을 훔쳐 내 클라이드에게 몰래 가져다주었다. 클라이드는 이 총을 이용해서 탈옥에 성공했지만, 보니를 보지 못한 채 1주일 만에 다시 체포되고 말았다. 결국 클라이드는 다시 재판을 받고 14년형을 언도 받았다.

지옥 같은 감옥에서 청춘을 보낼 수 없었던 클라이드는 발가락을 두 개나 자르는 자해를 하고 마침내 가석방되었다. 출소 후 클라이드의 성격은 완전히 변해 있었다. 예전의 다정한 클라이드는 사라졌고 사회에 대한 복수심과 잔인함의 덧옷을 입은 클라이드가 보니 앞에 나타났다. 일부 사람들은 가혹한 수감 생활을 겪은 클라이드가 잔인하고 부조리한 텍사스 형무소의 시스템에 복수하기 위해 범죄에 완전히 뛰어들었다고도 한다.

그러나 보니는 흉악한 범죄자가 되기로 결심한 클라이드를 있는 그 대로 받아들였다. 그것은 클라이드가 보니 앞에서만은 그 옛날 가졌던 순수한 청년의 미소와 따뜻한 감정을 보여 주었기 때문이다.

대개 보니와 클라이드의 사랑을 이야기할 때 보니가 클라이드를 더 많이 사랑했다고 한다. 그것은 보니가 클라이드와는 달리 범죄에 물들지 않은 성장기를 보내고도 범죄자 클라이드를 용납하고 그대로 수용했으며 결국 그를 따라 다니며 범죄에 발을 들였다는 것, 그리고 살인이나 절도 등의 치명적인 범죄를 저지르지 않고 망을 보거나 운전만 했음에도 불구하고 죽을 때까지 클라이드와 함께하였다는 사실 때문이다. 거기에 이스트햄 형무소 출소 이후 성불능자가 된 클라이드는 다시는 보니를 안아 줄 수 없었다. 그런데도 보니는 클라이드를 떠나지 않았다.

사실 보니에게는 클라이드를 저버릴 많은 기회가 있었다. 그러나 보니는 그 순간마다 클라이드를 선택했고 그와 함께 갈 것을 결심했다. 그녀는 헛된 희망보다는 당장 눈앞에서 자신의 절망을 기꺼이 함께 할 남자를 원했던 것이다. 보니는 클라이드가 만든 갱단에 들어갔고 그의 범죄를 도우며 포드 차에 몸을 싣고 그와 함께 미국 중부 지역을 방랑했다.

우리에게 내일은 없다

출소 후 클라이드는 레이몬드 해밀턴과 갱단을 조직하고 달라스 인근의 카우프만에서 작은 공구상을 털었다. 보니는 이때 공범으로 망을 봐주었다. 경찰에 쫓기던 세 사람 중 남자들은 도망갔지만 보니는 체포되었다. 탈주로를 잘못 택해 차가 진흙탕에 빠지는 바람에 그들은 지나

가던 노새에 올라탔고 그 와중에 보니가 낙오된 것이다. 이것이 보니가 최초로 경찰에 체포된 사건이었다. 그러나 밖에 차를 세워두고 망을 보았을 뿐 엄밀히 말해 범죄에는 가담하지 않았던 보니는 증거 불충분으로 풀려났다.

당시 그녀의 어머니가 이 기회에 클라이드와의 관계를 청산하라고 조언했다고 한다. 그러나 보니는 유치장에서 나오자마자 클라이드에게로 돌아갔다. 그리고 그들의 관계는 더욱 밀착되었다.

그녀는 자신이 쓴 시 〈자살한 샐의 이야기〉에서 클라이드에 대한 사랑을 이렇게 표현했다.

만일 당신이 내게 돌아와

전혀 도움이 되지 않는다고 해도

나는 당신 때문에 겪었던 괴로움을 모두 털어 버리고

내 살아 숨 쉬는 동안 죽도록 사랑하리

클라이드의 최초의 살인은 형무소에서 그를 성추행했던 수감자를 린치해서 죽인 것이라고 하지만 확실하지 않고 공식적으로 기록된 것은 1932년 4월 텍사스 힐스보로에서 주유소 주인 부처를 죽인 일이다. 보니가 유치장에 있을 때의 일이었다. 사람을 쏘아 죽인 클라이드는 이제는 더 이상 평범한 인생으로 돌아갈 수 없었다. 그의 사진을 본 희생자 부쳐의 부인은 그를 범인으로 지목했고 이제 클라이드는 좀도둑이 아니라 흉악한 살인자로 현상수배 되었다. 유치장에서 나온 보니는 클라이드가 살인자가 된 사실을 알았지만 바로 클라이드를 찾아갔고 그와 함께 도망쳤다.

같은 해 8월, 보니는 잠시 그녀의 어머니를 방문했다. 이때 클라이드는 동료 레이몬드 해밀튼과 오클라호마의 스트링타운에서 금주법을 어기고 술을 마시다가 자신들을 체포하러 온 경관 무어를 쏘아 죽였다. 두 번째 살인으로 클라이드는 자신에게 더 이상 내일이 없다는 사실을 깨달았다. 평생 도주자로 살거나 체포되어 사형을 받는 것만이 그에게 남은 인생이었다.

이때도 보니는 클라이드를 떠날 수 있었을 것이다. 두 번의 살인 모두 보니가 없을 때 일어난 일이었고 클라이드를 떠나기만 한다면 보니는 다시 평범한 시민으로 돌아갈 수 있었다. 그러나 이번에도 그녀는 한 치의 갈등도 없이 클라이드를 따라 갔다.

두 번의 살인을 저지르고 자신의 인생은 이미 갈 데까지 가버렸다고 생각한 클라이드는 이제 닥치는 대로 사람을 죽이기 시작했다. 두 사람을 죽이나 열 사람을 죽이나 클라이드의 인생에서 남을 것은 어차피 없었다. 그는 단지 60달러를 강탈하기 위해 사람을 죽였고 도주하는 자신들을 쫓아오는 경관을 향해 무차별적으로 총알을 날렸다.

흉악범이 된 클라이드의 절망을 함께 나누었던 보니의 심리에 대해서는 여러 가지 이론이 있다. 그중에 그녀를 '히브리스토필리아(hybristophilie)'라고 평하는 학자들도 있다. 히브리스토필리아란 살인과 절도 등의 범죄를 저지르는 성적파트너에 대해 사랑을 느끼는 성적 취향을 말한다. 그런 그녀의 성향이 별다른 범죄를 저지르지 않고서도 클라이드 곁에 계속 머무르며 스스로 흉악범으로 악명을 쌓아가게 했다는 것이다.

클라이드가 보니를 인질처럼 데리고 다닌 것은 아니었다. 그와 함께 하는 것도, 떠나는 것도 모두 보니의 자유의사였다. 어쩌면 실제로 보니는 히브리스토필리아였을지도 모른다. 하지만 그런 성적인 취향에 앞서 보니가 클라이드의 곁을 지킨 이유는 클라이드에 대한 절대적 이해와 사랑 때문이었을 것이다.

보니는 클라이드라는 남자가 흉악범으로 타락하기 전 그의 순수하고 진실된 면을 알았고, 또 클라이드가 그런 예전의 모습을 그녀에게만은 계속 보여 주었기 때문이다. 보니는 클라이드가 타락한 이유도 알고 있었으며 그의 타락에 공감했다.

보니는 그녀의 시에서 클라이드에 대해 이렇게 이야기했다.

사람들은 그를 냉혈인간 살인자라고 하지요.

사람들은 그를 인정도 없고 비열한 인간이라고 하지만

나는 그가 정직하고 올바르며 깨끗한 사람이라고 분명히 말할 수 있답니다.

하지만 법이 그를 우롱했고

그는 체포되면서

'나는 석방될 수 없으니 그들을

지옥에서나 만날 거야' 외치면서

감옥에 갔습니다.

보니는 클라이드가 생각하는 대로 당시 미국사회와 정부가 그를 망쳤다고 생각했다. 그리고 한때는 정직하고 올바르며 깨끗한 사람이 법에 우롱당하여 빠진 절망의 구렁텅이에 함께 머물렀다. 그들의 타락은 자신들의 책임이 아니었고 사회의 탓이라고 생각했다. 보니는 클라이드를 흉악범으로 보지 않고 희생자라고 생각했다. 그리고 마찬가지로 대공황기 미국사회에서 소외되고 있던 자신을 그와 동일시했다. 그러기에 그녀는 비록 총을 휘두르지는 않았지만 범죄의 현장에 있었고 그와 함께 도망쳤다.

매스컴이 만든 유명세

보니와 클라이드의 범죄행각이 계속되는 가운데 클라이드의 어릴 적 동네 친구인 존스와 형 벅, 그리고 벅의 아내 블랑쉬가 일당으로 합류했다. 그들은 미조리주 조플린에서 아파트를 빌려 숨어 살았다. 동가숙 서가식 하는 삶을 당분간 청산하고 그들은 삶의 안정을 찾았다. 이때가 보니와 클라이드에게는 처음이자 마지막으로 평온한 시기였을 것이다. 그들은 다량의 무기와 총알을 아파트에 보관해두고 다음 범죄를 계획하고 있었다.

이 아파트에서 생활하는 동안 클라이드와 그 일당들은 장난스러운 포즈로 사진을 찍으며 오랜만에 찾아온 평화와 20대 초반의 청춘을 만끽하기도 했다. 그러나 이 행복은 오래 가지 못했다. 그들의 행동을 수상히 여긴 이웃 주민의 신고로 경찰이 급습해왔고 클라이드 일당은 혼비백산 모든 짐을 버리고 도주 길에 올랐다.

아파트에는 그들이 남긴 짐들이 남아 있었다. 그중에서 발견된 몇 통의 필름과 보니의 시는 언론의 관심을 사기에 충분했다. 이전까지 보니와 클라이드는 그들의 범죄행각으로 이름을 날렸을 뿐 뾰족하게 남겨진 사진은 없었다. 특히 정식으로 수감된 적 없는 보니는 더욱 베일에 싸인 미스터리한 여인이었다. 현상된 사진 속에는 시가를 입에 물고 권총을

시가를 문 보니의 모습

즐겨 훔쳤던 포드 V8 앞에서 사진을 찍은 보니 파커. 이 사진으로 이들은 세
인의 주목을 끌게 된다. 예쁘장한 얼굴과 날씬한 외모 탓에 보니는 젊은이들
사이에서 연예인 못지않은 관심을 받았다.

손에 쥔 거친 여자 갱의 모습을 한 보니가 있었다.

사진은 바로 미국 전역의 언론사에 퍼졌고 신문의 제1면을 차지했다. 사진을 본 사람들은 보니도 클라이드처럼 사람의 목숨을 쉽게 생각하고 라이플을 쏘아대는 냉혹한 여인이라고 생각했다. 한편에서는 그녀의 미모와 강렬한 모습에 매력을 느끼는 사람도 있었다. 그러나 실제로 보니는 시가를 피지도 못했고 총을 들기는커녕 클라이드 일당이 무장강도를 할 때도 바깥에 차를 대기시켜 놓는 일 외에는 하지 않았다고 한다. 사진은 그저 젊은 20대 청춘남녀의 치기어린 장난과 익살의 연출이었을 뿐이었던 것이다.

그러나 이 사진들로 보니와 클라이드는 단번에 미국에서 가장 유명한 인물이 되었다. 그 유명세를 등에 업으려는 듯 언론은 연일 보니와 클라이드의 행각을 보도했고 그 와중에 그들의 범죄가 부풀려지기도 하였다. 클라이드는 실제로 은행을 턴 적이 없었는데 그는 은행 무장강도로 소개되었고 그가 훔친 금액도 부풀려졌으며 그들이 죽인 사람의 숫자도 과장되었다. 일부 언론에서는 보니와 클라이드를 도둑질을 해 가난한 사람을 돕는 의적으로 소개하기도 하였다.

그러나 이것은 진실이 아니었다. 당시 보니와 클라이드는 자신의 목숨과 하루살이를 담보하는 것도 어려웠기 때문에 가난한 사람을 돕는다던가 하는 일은 생각할 수도 없었다. 다만 차를 훔치는 과정에서 납치한 사람들에게 차비를 쥐어주어 돌려보낸 적은 몇 번 있었다. 이를 언론이 과장하여 보도한 것이다. 일부에서는 보니와 클라이드를 시대의 희생양 혹은 영웅으로 생각하기까지 했다.

언론과 여론의 반응에 다급해진 것은 경찰이었다. 보니와 클라이드가 유명해지면 질수록 그들의 범죄를 막지 못하는 경찰의 무능함이 강조되자 그들을 잡기 위해 혈안이 된 것이다.

언론의 과열 보도에 피해를 본 것은 보니와 클라이드도 마찬가지였다. 얼굴이 전국에 알려진 보니와 클라이드는 더 이상 식당과 여행자 모텔에 묵는 것이 어렵게 되었다. 그들은 산이나 들에서 캠핑을 했고 차가운 시냇물에 몸을 씻어야만 했다. 불안한 가운데 몸만은 편하게 있었던 아지트를 잃고 거칠고 피로한 도주생활이 시작된 것이다. 이 과정에서 클라이드의 형 벅은 경찰에 쫓기다가 총에 맞아 죽고 형수 블랑쉬는 체포되었다.

이것은 보니와 클라이드의 죽음일 뿐

어느 날 도로를 피해 산길로 도주하던 클라이드 일당은 차 사고를 일으키고 골짜기로 굴러 떨어졌다. 이때 보니는 다리에 큰 화상을 입는다.

행복해 보이는 보니와 클라이드

1933년 충돌 사고로 심한 화상을 입은 보니를 클라이드는 안거나 업고 다녔다. 클라이드의 누이 넬은 "클라이드는 사랑과 충성심에 대한 원칙을 가지고 있었죠. 보니에 관한 한 클라이드는 아기처럼 부드러웠고 어머니처럼 상냥했습니다. 마지막 2년간 클라이드는 보니를 다치게 하지 않기 위해서 목숨 거는 위험을 감수했죠"라고 전했다. 처음에는 이기적이었던 클라이드가 점차 희생적인 보니를 닮아가면서 그 역시 헌신적으로 변했다. 보니의 사랑은 한 남자를 변화시킬 만큼 대단한 것이었다.

화상으로 오른쪽 다리 근육이 수축된 보니는 오랫동안 상처로 인해 고통받았다. 그리고 상처가 아문 후에도 더 이상 오른쪽 다리를 쓸 수 없었다. 보니는 이제 도주에 장애요소가 되어 버렸다. 보니의 사고를 알아차린 경찰들은 냉혹한 클라이드가 곧 보니를 버리거나 죽일 것이라고 생각했다.

그러나 보니의 부상 이후 사람들이 말하듯 보니의 사랑이 일방적 사랑이 아니었음이 증명되었다. 클라이드는 보니를 극진히 간호하였을 뿐만 아니라 제대로 걷지 못하는 그녀를 안거나 업고 다녔다. 범죄에 있어서는 냉혹한이었지만 보니에게는 언제나 다정다감했고 상냥했다. 그는 도주를 하면서도 보니가 다치지 않게 하려고 수백 번 목숨을 거는 위험을 감수하였다고 한다. 보니는 클라이드가 신뢰하는 유일한 사람이었고, 보니 또한 그러했다.

목숨을 건 도주 중에도 보니와 클라이드는 대담하게 행동했다. 그들은 텍사스 이스트햄에 수감되어 있던 옛 동료 5명을 탈옥시켜 다시금 세상을 놀라게 하였다. 더 이상 당하고만 있을 수 없었던 경찰은 전직 유격대원 프랭크 해머를 고용하여 그들을 추격하게 하였다. 프랭크 해머의 대대적인 수색 작전은 클라이드 일당을 다시 한 번 위험에 빠뜨리고 그 과정에서 보니와 클라이드는 그들을 따라다니던 존스와 헤어지고 둘만 남게 되었다.

더 이상 도망 갈 곳도, 도망칠 힘도 남아 있지 않았지만 그들은 습관처럼 도망쳤다. 점점 좁혀오는 포위망 속에서 보니와 클라이드는 자신들의 앞날이 얼마 남지 않았음을 느꼈다. 보니는 자신의 초조한 심정을 시로 남겼다.

언젠가는 두 사람 모두 죽게 되며
그리고 나란히 묻힐 겁니다

어떤 이에게는 슬픔이 되고
법을 지키는 이들은 안도의 한숨을 쉬겠지만

이것은 보니와 클라이드의 죽음일 뿐.

이 시에서 보니는 클라이드와 함께 죽고 나란히 묻힐 것을 소원했다. 그리고 그들의 범죄가 일으킨 사회적 파장에도 불구하고 두 사람은 그저 보니와 클라이드라는 서로 사랑하는 평범한 연인이었을 뿐임을 강조하였다.

1934년 5월 23일 운명의 날, 보니와 클라이드는 옛 동료 메스빈의 아버지에게 도주에 필요한 도움을 청했다. 메스빈의 아버지는 아들의 형

보니의 클라이드가 죽음을 맞이한 차의 모습
1934년 세계를 떠들썩하게 했던 보니와 클라이드는 동료의 배신으로 경찰들에게 포위당해 총에 맞아 숨졌다.

량을 줄이기 위해 경찰에 보니와 클라이드를 넘기기로 밀약하였다. 루이지애나 깁스랜드의 도로에서 보니와 클라이드는 메스빈의 아버지가 모는 차를 발견하고 속도를 늦추었다.

그때였다. 메스빈의 아버지가 차 밑으로 몸을 날리는 것과 동시에 길가 덤불속에서 총탄이 빗발치듯 날아왔다. 총 187탄의 총알이 보니와 클라이드가 탄 차를 향해 사격되었다. 그중 84여 발의 총알이 보니와 클라이드를 맞혔다.

클라이드는 첫 몇 발의 총탄에 머리를 맞아 즉사했지만 보니는 날아오는 총탄을 온몸으로 맞으며 오랫동안 무시무시한 신음소리를 내지르며 괴로워 하다가 죽었다. 절망의 시대에 서로의 절망을 부둥켜안고 사랑했던 청춘남녀의 비참한 말로였다. 이후 보니와 클라이드는 함께 묻히지 못했다. 보니의 어머니는 그녀가 클라이드와 함께 묻히는 것을 원하지 않았다. 보니의 마지막 소원은 이루어지지 못한 것이다.

보니와 클라이드는 미국 중부지역을 돌아다니며 11명의 사람을 살해했지만 그들이 훔친 돈은 1500달러에 불과했다고 한다. 보니와 클라이드의 파란만장한 인생은 젊은이들의 일탈을 넘어 당시의 사회 경제 상황을 적나라하게 보여 주었고, 이후 이들의 이야기는 영화와 다양한 장르의 작품 소재가 되었다.

보니와 클라이드, 그들에게 절망은 서로를 함께 묶는 키워드였고 그

깊이를 알 수 없는 절망 속에서 그들의 안타까운 청춘과 사랑은 1930년
대 대공황기를 쓸쓸하게 장식했다.

5장

온몸으로 애증을 껴안아라

사랑에 투신하다

프리다 칼로 · 디에고 리베라

"디에고, 당신의 두려움과 당신의 고뇌, 당신의 심장소리에 내가 갇혔음을 느낍니다. 이 모든 광기를 요구한 것은
나였지만, 당신은 나에게 호의를, 빛과 온정을 주는군요."

프리다 칼로에게 있어서 디에고 리베라는 단순한 배우자 그 이상의 존재였다. 그녀에게 그는 어떤 것으로도 대신할
수 없는 사랑이자 증오였으며 기쁨이자 지극한 고통이었고 갈망이자 짐, 희망이자 절망, 연인이자 적이었다.
디에고 리베라와의 결혼은 프리다 칼로에게 있어서는 운명이고 필연이었지만, 그것이 행복을 의미하는 것은
아니었다. 디에고는 결혼생활 동안 프리다의 삶 전체를 지배했고, 그녀를 배신했으며 고독과 고통에
피눈물을 흘리게 했다. 그리고 그와 동시에 프리다에게 화가로서, 혁명가로서의 인생도 함께 주었다.
프리다와 디에고는 서로 사랑하는 동시에 증오했으며, 생의 마지막 순간까지 격정적으로
예술과 혁명의 삶을 함께 헤쳐 나갔다.

코요아칸의 총명한 소녀와
식인귀와의 만남

프리다 칼로(Frida Kahlo, 1907~1954)는 1907년 멕시코의 코요아칸에서 유태계 독일인 아버지 빌헬름 프리다(기예르모 프리다)와 스페인과 인디오의 혼혈(메스티조)인 어머니 마틸데 칼데론 사이에서 태어났다.

그녀가 태어난 시기의 멕시코는 대지주와 외국자본의 이익만을 대변해 온 디아스 정권의 폐해가 극에 달하였고 전국 각지에서 농민과 노동자, 지식인들이 독재에 항거하는 운동을 펼치고 있었다. 그녀가 세 살이 되던 해인 1910년 멕시코에서는 농민과 노동자들이 중심이 된 대규모 혁명이 일어났고 성공했다. 이 혁명은 1917년에 일어난 러시아의 볼세비키 혁명보다 7년이나 앞서는 것으로 디아스 독재정권의 지나친 노동자와 농민 착취에 대한 항거였다. 프리다가 성장하던 시기는 성공한 혁명의 열기가 가득하던 시절이었다.

프리다 인생의 첫 번째 시련은 6살 때 앓은 소아마비였다. 그 후유증으로 오른쪽 다리가 불편해진 프리다는 오랫동안 다리에 대한 콤플렉스를 안고 살아야 했고 불편한 다리를 감추기 위해 긴 치마를 입거나 남장을 자주했다. 비록 오른쪽 다리를 끄는 신체적 불편함이 있었지만 프리다는 총명하고 아름다운 소녀로 자랐다.

그녀는 멕시코 최고의 교육기관이던 에스쿠엘라 국립 예비학교에 진학했다. 이 학교에 여학생은 전교생 2000명 중 35명에 불과했다. 그녀는 생물학, 해부학 등을 공부해 장차 의사가 되려고 했다. 그렇다고 프리다가 공부벌레였던 것만은 아니었다. 그녀는 카추차라는 학생 클럽에 가입하여 동료들과 청춘을 만끽했다. 클럽 내에서 알레한드로 고메스 아리아스와 첫사랑을 나누기도 하였다.

한편 프리다보다 21세나 많은 디에고 리베라(Diego Rivera, 1886~1957)는 어린 시절부터 그림에 남다른 재능을 보여 산카를로스 미술원에서 약 6년간 엄격한 교육을 받았다. 청소년기에는 정부 장학금으로 유럽에 장기유학을 떠나 1907년 에스파냐에서, 다음해에 파리로 옮겨 1914년까지 그곳에서 지냈다. 디에고는 유럽에서 피카소, G. 브라크, P. 클레 등 입체파의 유수한 화가들과 교제하고 그들로부터 상당한 영향을 받았지만, 결코 조국 멕시코의 정체성을 잃어버리지 않았다. 그는 이탈리아 르네상스 시대 대벽화에 깊은 감명을 받고 이를 멕시코 예술에 접목하고자 하였다.

멕시코 혁명 이후 새로 들어선 혁명 정부는 문화예술 부분에서도 기존의 서구지향적이고 부르주아적인 예술에서 벗어난 새로운 예술을 추구하였다. 그에 힘입어 멕시코 전통문화에 대한 인식이 싹트면서 소외

당했던 토착 인디언들의 문화가 부각되었다. 서구와 다른 독립적인 멕시코만의 특수성과 정체성을 국민들에게 널리 알리고 공감하기 위한 방법으로 공공건물에 멕시코의 전통과 역사가 담긴 벽화를 그리는 운동이 시작되었다.

혁명 이후 조국에 돌아온 디에고는 시케이로스 등과 미술가협회를 결성하고 벽화운동의 주축이 되었다. 그는 멕시코의 신화 · 역사 · 서민 생활 등을 민중에게 직접 보여줄 수 있도록 공공건축물의 벽면에 열정과 힘이 넘치는 벽화를 그렸다. 혁명의 긍정적이고 밝은 분위기가 넘실대던 시기 그의 벽화는 많은 사람들에게 공감과 감동을 주었고 이윽고 디에고는 멕시코와 혁명을 대표하는 미술가라는 명성을 얻게 되었다.

그와 더불어 디에고는 자유분방한 삶으로 악명을 드날리고 있었다. 예술가의 격렬한 성정을 통제하지 못한 돌출적 행동과 너무나 다채로운 여성편력 때문이었다. 그는 친구와 다투다가 총을 쏘기도 했고 결투를 일삼았으며, 자신의 그림에 모델이 되는 여자들과는 언제 어디서나 거리낌 없이 동침했다. 일부에서는 그가 해부학 수업 중 여인의 인육을 먹기도 했다는 헛소문이 퍼져 그를 식인귀라고도 불렀다. 이 소문은 디에고가 직접 퍼뜨렸다는 이야기도 있다.

1923년 프리다는 에스쿠엘라 국립 예비학교 재학시절 학교 강당에 벽화를 그리러 온 디에고를 처음 만났다.

디에고의 작업장 주변이 갑자기 소란스러워지면서 한 소녀가 장난스런 친구들에게 떠밀려 들어왔다. 디에고는 갑작스런 소녀의 등장에 관심을 가지고 그녀를 바라보았다. 당시 16세였던 작고 어린 소녀 프리다는 세상에 이미 거장으로 알려져 있던 디에고 앞에서 조금도 움츠러들지 않았다.

'일하는 모습을 좀 더 지켜보고 싶으니 작업을 계속하세요.'

당당한 소녀의 모습에 디에고는 끌렸다. 어린 학생들의 장난으로 인한 첫 만남이었지만 이때의 만남은 후일 두 사람의 재회를 돌이킬 수 없는 사랑으로 이끄는 강렬한 순간이기도 했다.

꿈 많은 학창시절의 프리다에게 이미 30대 후반에 들어선 디에고는 존경하는 혁명가이자 예술가였을 것이다. 그러기에 그의 작업을 좀 더 가까이서 바라보고 싶은 욕망이 있었을 것이다. 그러나 당시 프리다는 그림에 관심은 있었지만 화가가 될 생각은 없었기 때문에 디에고를 멋있고 존경스럽지만 자신의 인생과는 무관한 그저 괴팍한 예술가로 보았을 뿐이었다. 프리다에게는 어느 유명한 화가와의 재미난 만남이었을 이 순간이 예술과 혁명을 향한 열정뿐만 아니라 그 열정만큼이나 여인들을 탐닉했던 디에고에게는 남다른 기억을 남겼다. 그는 그날의 프리다를 이렇게 회고했다.

"그녀는 보기 드문 품위를 지녔고, 확신에 찬 모습이었다. 무희처럼 발랄하고 날렵하며, 장난기에 넘치면서도 진지하고, 눈에는 기묘한 불길이 타올랐다. 가슴은 봉긋 솟아오르기 시작하여 마치 아이 같지 않은 매력을 갖추고 있었다."

너무나 가혹한 사고, 그리고 화가의 길

프리다가 18살이던 1925년 9월에 일어난 교통사고가 아니었다면 그녀는 멕시코의 진보적인 여성 의사로 인생을 살아갔을지도 모를 일이다. 그러나 운명은 계획한 대로 그녀의 삶을 이끌지 않았다.

하교 길에 애인 알레한드로 고메스 아리아스와 함께 오른 버스가 전차와 부딪히면서 프리다는 치명상을 입었다. 아리아스는 경상이었지만 프리다의 상처는 너무나 참혹했다. 버스의 강철봉이 그녀의 옆구리를 뚫고 척추와 골반을 관통해 허벅지로 빠져 나왔고 소아마비로 불편했던 오른발은 짓이겨졌다. 살아 있는 것만으로도 기적이었다. 어떤 의사도 그녀가 다시 걸을 수 있다고 장담하지 못했다.

여성들의 우상 프리다 칼로

프리다 칼로는 멕시코의 여류 화가로, 항상 여사제처럼 전통 의상과 액세서리를 착용하였다. 그녀는 사회 관습을 완강히 거부했기 때문에 20세기 후반 페미니스트들에게 여성주의의 상징으로 재평가 되었다. 사고로 인한 고통을 극복하고자 거울을 통해 자신의 내면 심리 상태를 관찰하고 표현한 자화상을 많이 그렸다.

프리다는 꼬박 9개월을 전신에 깁스를 한 채 침대에 누워 있어야만 했다. 그녀는 이 사고로 자신은 '다친 것이 아니라 부서졌다'고 표현했다. 애인 아리아스는 유럽 유학길에 올라 그녀의 곁을 떠났다. 아무것도 꿈꿀 수 없는 시간들이 프리다를 덮쳤다.

깁스를 한 채 침대에 누워 두 손만 자유로웠던 프리다가 할 수 있는 일은 오로지 그림을 그리는 것뿐이었다. 부모는 그녀를 위해 침대의 지붕 밑면에 전신 거울을 설치한 캐노피 침대와 누워서 그림을 그릴 수 있는 이젤을 마련해 주었다. 누워서 운신할 수 없었던 프리다는 거울에 비친 자신을 관찰하고 또 관찰하며 스스로의 모습을 그려가기 시작했다. 이것이 그녀가 평생을 두고 자화상을 그리기 시작한 계기였다. 프리다는 훗날 자화상에 대해 이렇게 말했다.

"나는 너무나 자주 혼자이기에 또 내가 가장 잘 아는 주제이기에 나를 그린다."

걷기 위한 수차례의 수술 끝에 프리다는 기적적으로 걸을 수 있게 됐다. 그러나 후유증으로 인한 고통은 그녀를 평생 동안 괴롭혔다.

척추의 고통은 비록 의사가 되려 했던 그녀의 첫 번째 꿈은 좌절시켰지만 그녀에게 새로운 꿈을 꾸게 하였다. 병상에 누워 그림을 그리는 동

부서진 기둥(The Broken Column, 1994)

프리다는 교통사고로 인한 정신적 · 육체적 고통과 아이를 낳을 수 없는
아픔, 삶에 대한 강한 의지를 작품으로 승화시켰다. 이 작품에서 그녀가
그린 기둥은 자신의 손상된 척추로, 기둥이 모두 금이 가서 위태위태하
게 자신을 지탱하고 있는 모습을 표현하고 있다.

안 프리다는 자신의 운명이 그림에 있음을 느꼈다. 그러나 미술 교육을 제대로 받은 적이 없었기에 그림을 정확히 평가해 줄 사람이 필요했다.

비둘기와 코끼리의 결합

프리다는 병상에 누워 있으면서도 사회와 혁명에 대한 관심을 놓지 않았다. 오랫동안의 투병생활을 끝내고 다시금 사람들과 교류를 시작하였을 때 프리다는 사회주의 예술가들의 모임에 드나들었다. 21세가 된 프리다는 이 무렵 멕시코에서 망명생활을 하고 있던 쿠바의 사회주의자 훌리오 안토니오 메야와 그의 애인이던 여류 사진작가 티나 모도티와 친분을 가지게 되었다. 그리고 티나 모도티의 소개로 디에고 리베라와 재회했다.

5년 만에 만난 프리다는 그 옛날의 앳된 소녀가 아니었다. 참혹한 사고로 인한 오랜 투병생활은 그녀의 정신을 성숙시켰고, 20대가 된 그녀의 외모는 아름답게 피어나고 있었다. 첫 만남 때와는 달리 평생을 화가로 살기로 한 프리다는 떨리는 마음으로 디에고에게 자신의 그림을 선보이고 재능과 열정을 평가받고 싶어 했다. 프리다의 그림을 본 디에고는 이렇게 평했다.

"프리다의 작품에서 예기치 않은 표현의 에너지와 인물 특성에 대한 명쾌한 묘사, 진정한 엄정함을 보았다. (…) 잔인하지만 감각적인 관찰의 힘에 의해 더욱 빛나는 생생한 관능성이 전해졌다. 나에게 이 소녀는 분명 진정한 예술가였다."

디에고는 화가가 되겠다는 프리다의 결심에 확신을 주었다. 그리고 둘 사이에 사랑이 싹텄다. 프리다는 자신의 인생에서 디에고가 운명의 남자란 사실을 분명히 깨달았다. 그리고 그와 함께라면 원하는 모든 것을 가질 수 있으리라 확신했다.

"나의 평생소원은 단 세 가지, 디에고와 함께 사는 것, 그림을 계속 그리는 것, 혁명가가 되는 것이다."

그녀의 세 가지 소원은 모두 이루어졌다. 그러나 그중 첫 번째 소원, 디에고와 함께 살고 싶다는 소원은 뒤에 오는 두 가지 소원을 모두 다 가능하게 해 주는 전능한 힘을 가졌지만, 그와 동시에 피할 수 없는 커다란 고통을 수반하는 소원이었다.

1929년 8월, 22세의 프리다는 그녀보다 21년 연상인 디에고와 결혼했다. 이미 두 번이나 결혼한 적이 있는 디에고와 프리다의 결합을 사람

Diego on My Mind(내 마음속 디에고)와 프리다 부부의 모습

프리다에게 디에고는 영혼이었고 하나뿐인 삶의 동반자였지만 또한 고통의 근원이기도 했다. 그녀는 자신의 자화상 이마에 디에고를 그려 넣어 그의 의미를 나타내기도 했다. 멕시코 혁명의 소용돌이 속에서 인생과 예술을 꽃피운 프리다와 디에고는 연인이자 예술적 영감을 서로 교감하는 투쟁의 동지였다. 그들은 서로 사랑했고 동료로 스승과 제자로 서로를 도왔지만 말년에는 독립적인 관계를 유지했다. 프리다는 21살의 나이 차를 극복하고 우상이었던 남자를 얻는 데는 성공했지만 고통과 질투로 그보다 더 큰 대가를 치러야 했다.

들은 '비둘기와 코끼리의 결합'이라고 했다. 작은 체구에 단아하지만 열정적이고 젊은 프리다와 거구에 이미 불혹의 나이에 접어든 디에고의 외모 때문이었다.

당시 멕시코를 대표하는 천재화가의 반열이 올라 있던 디에고의 아내로서 프리다는 만족하는 듯이 보였다. 그녀는 그와 함께 그림을 그렸고 그와 함께 사회활동을 펼쳐나갔다. 멕시코 공산당의 입당과 탈당을 같이 했으며, 그의 그림을 위해 기꺼이 모델이 되었고 디에고에게 영감을 주기 위해 애썼다.

그러나 한 남자의 아내로 안정적인 사랑을 받으며 사는 조용하고 행복한 삶은 프리다와는 먼 것이었다. 그것은 그녀가 너무도 사랑한 남자, 디에고의 치명적인 결점 때문이었다.

프리다 인생의 두 번째 대형사고, 디에고 리베라

이미 수많은 여성편력을 가지고 있던 디에고는 결혼 후에도 외도를 멈추지 않았다. 디에고에게 있어 여성이란 스스로 선언하였듯, 예술의 원천이고 삶의 원동력이었다. 디에고는 프리다를 사랑했지만 그녀만을 오로지 단 한 명의 여자로 알고 사는 삶은 그에게는 이미 불가능했다. 프

디에고 리베라 초상 (Portait of Diego Rivera, 1937)
멕시코 근대회화의 4대 거장 중에서도 가장 유명한 화가. 멕시
코내란 종식과 함께 귀국하여 미술가협회를 결성, 활발한 벽화
운동을 전개하였다. 한 여자의 온전한 사랑을 받았지만 만족할
줄 모르는 정력가였다.

리다 또한 그런 디에고의 치명적인 단점을 알고 용납하고 있었다. 그러나 남녀관계, 특히 결혼생활에서 자신에게 100% 충실하지 않는 상대의 곁을 지키는 삶은 이성을 넘어서 어쩔 수 없는 고통을 가져오게 마련이다. 남편 디에고로 인해 프리다는 질투와 분노, 고독과 상실감을 평생 안고 살아가야만 했다.

외도를 일삼는 디에고를 떠나기에는 프리다는 그를 너무나 사랑하였고 디에고 또한 그녀를 자유롭게 놓아 주지 않았다. 프리다에게 디에고는 인생 전체를 던져 하나가 되고 싶은 사람이었다. 디에고 또한 그녀를 영혼의 반쪽으로 여겼다. 그러나 프리다에게 디에고는 사랑으로 이념으로 영혼으로 하나가 되었지만 결코 자기 것은 되지 않는 남자였다. 훗날 프리다는 디에고에게서 받은 상처를 이렇게 표현했다.

"내 평생에 겪은 두 차례의 대형 사고는 전차가 나를 들이받은 것과 디에고를 만난 것이다."

프리다는 디에고의 아이를 낳고 싶었지만 교통사고로 다친 그녀의 몸은 아이를 품지 못했다. 몇 차례의 유산은 모성을 가진 여성의 삶을 살 수 없다는 절망감을 더해 주었다. 세 번째 유산 후 영구 불임이 된 그녀는 태어나지 못한 아이에게 레오나르도란 이름을 주고 슬픈 절규와도 같이 이런 글을 썼다.

레오나르도 : 서기 1925년 9월 적십자 병원에서 태어나 그 다음해 코요아칸에서 세례 받았다. 어머니는 프리다 칼로, 대모와 대부는 이사벨 캄포스와 알레한드로 고메스 아리아스였다.

디에고와 아이에 대한 채워지지 않는 갈증은 그림으로 승화되기 시작했다. 프리다는 멕시코 전통 속에 고독과 고통을 녹여내어 그 어떤 미술 범주에도 들지 않는 자신만의 독특한 화풍을 만들어냈다. 일부 유럽의 예술가들은 그녀의 그림을 당시 유행하던 초현실주의 걸작이라고 하였지만 그녀는 자신의 그림이 그 어느 범주에도 들지 않는다고 생각했다. 그녀의 그림은 사랑하는 남편 디에고의 그림이 그러하듯 서구에 영향을 받았으되, 멕시코의 정체성을 잃지 않은 작품들이었고 무엇보다도 그녀 내부에서 우러나는 열정과 절망, 그리고 성찰이 녹아든 그림이었다.

디에고의 수많은 여성편력을 고통 속에서도 인내했던 프리다였지만 그녀가 도저히 참을 수 없는 일이 일어났다. 그것은 디에고가 그녀의 여동생 크리스티나와 관계를 했다는 사실이었다. 디에고와 크리스티나는 프리다를 속이고 1년 이상 지속적으로 관계를 맺었고 뒤늦게 이 사실을

떠 있는 침대 (Henry Ford Hospital)

프리다는 사고와 잇단 수술로 디에고의 아이를 가질 수 없었다. 세 번의 유산을 겪고 난 후 프리다는 유산에 대한 고통과 아이에 대한 갈망을 그림으로 남겼다. 이 작품에서 프리다 칼로는 탯줄과 줄 혹은 뿌리 같은 오브제들과 연결되어 있다.

알게 된 프리다는 충격에 휩싸였다. 남편과 여동생으로부터 동시에 배신당한 프리다는 디에고의 성실한 아내 역할을 그만둬 버렸다. 그녀는 디에고가 좋아하던 긴 머리카락을 싹둑 자르고 별거를 시작했다.

디에고를 떠난 프리다는 자유롭게 여행을 하였으며 뉴욕에서 조각가 이사무 노구치, 사진작가 니콜라스 머레이 등의 애인을 두기도 하였고 동성과 사랑을 나누기도 하였다. 그러나 방황하는 육체에 비해 그녀의 정신은 더욱더 디에고에게 집착했다. 디에고를 증오하면서도 떠나지 못했고 사랑하면서도 가까이 가지 못하는 마음이 그녀를 힘들게 했다. 별거하는 동안 프리다는 술을 너무 많이 마셔 가뜩이나 좋지 않은 건강마저도 악화되었다.

짧지만 강렬했던 만남, 트로츠키

다만 한순간, 프리다에게 남편 디에고를 대신할 만한 강렬한 만남이 있었다. 상대는 스탈린에게 쫓겨 멕시코로 망명 온 레온 트로츠키였다. 레닌이 죽은 후 당의 노선을 놓고 스탈린과 대립하던 트로츠키는 1927년 당에서 제명되고 1929년에는 소련에서 추방되었다. 터키, 프랑스, 노르웨이를 전전하고 있던 트로츠키를 멕시코로 부른 것은 디에고였다.

디에고는 당시 대통령이던 카르데나스에게 청하여 트로츠키 부부가 멕시코로 망명할 수 있도록 적극 주선하였다. 그리고 트로츠키 부부의 거처로 프리다의 친정집인 '푸른집'을 제공했다.

프리다는 트로츠키라는 이 지치지 않는 시대의 혁명가에게 매료되었다. 그것은 사랑이라기보다는 경외에 가까운 감정이었을 것이다. 트로츠키 또한 나이에 비해 어른스럽고 강렬한 개성을 가진 프리다에게 이끌렸다. 두 사람의 관계에 대해서는 의견이 분분하다. 연인이었다는 의견도 있고 단순한 동지애에 그쳤다는 의견도 있다. 그것이 애정이었든 우정이었든, 프리다가 트로츠키에게 선물한 자화상 속 그녀의 모습은 밝고 신선하며 당당한 분위기를 풍긴다. 디에고에 얽매여 있었을 때 그린 어두운 분위기의 자화상과는 사뭇 다르다. 그림으로 표현된 프리다의 감정은 분명 연모였다.

그러나 두 사람의 만남은 오래가지 못했다. 1937년 1월 망명한 후 '푸른집'에 기거하던 트로츠키는 그 해 7월 서둘러 거처를 다른 곳으로 옮긴다. 서로에게 끌리는 주체할 수 없는 감정을 추스르기 위한 트로츠키의 이성적 판단이었던 것 같다. 1년 후 프리다는 뉴욕과 파리로 전시 여행을 떠났고 트로츠키는 1940년 스탈린이 보낸 자객에 의해 처참하게 살해되었다.

무너지는 육체, 고통 받는 영혼

뉴욕을 거쳐 파리로 날아간 프리다는 1939년 파리 르누와 콜 갤러리에서 열린 멕시코전에서 거장 피카소, 칸딘스키, 뒤샹 등의 찬사를 한 몸에 받으며 화가로서의 입지를 굳혔다.

한편, 그녀의 화가로서의 성공과는 별개로 프리다와 디에고의 관계는 더욱 악화되어 갔다. 트로츠키와의 만남 이후 자신에게서 마음이 일시적으로 떠나버렸던 프리다에게 배신감을 느껴서인지, 아니면 당시 열애 중이던 미국 여배우와 결합하기 위해서였는지는 알 수 없으나 프리다를 오래 붙잡고 있던 디에고는 1939년 그녀에게 이혼을 요구했다. 디에고의 수많은 외도와 배신을 참아가면서도, 자신도 다른 사람과 애정을 나누면서도, 언제까지나 디에고의 곁에 있고 싶어 했던 프리다의 바람은 무너졌다. 이혼을 받아들인 프리다는 분노와 상실감에 피폐해져 갔다. 비록 질투와 배신감에 온몸을 떤다 하더라도 디에고와 헤어진 삶은 생각조차도 해 본 적이 없었기 때문이었다.

디에고가 떠난 후, 그녀의 정신적 고통은 곧이어 육체를 침범했다. 오랫동안 그녀를 괴롭혔던 척추의 고통이 본격화되기 시작한 것이다. 몇 차례의 대수술을 했지만 그녀의 육체는 계속 무너져 내렸다. 디에고의 부재로 인한 정신적 고통은 그녀의 육체마저도 회복불가 상태로 만들어 놓았다.

프리다를 떠난 후 디에고도 힘들기는 마찬가지였다. 일시적인 연애와 거듭되는 여성편력은 순간의 자극이 되었지만 프리다가 없는 인생은 궁극적인 그 무언가가 빠진 것만 같았다. 프리다의 강렬한 사랑 없이는 삶도 예술도 모두 허무했다. 결국 이혼한 지 1년 만에 미국에서 수술을 마친 프리다에게 디에고가 다시 찾아왔다.

디에고는 자신과의 결합을 원하지만 결합 후 계속될 질투와 분노를 걱정하는 프리다를 간절히 설득했다. 적어도 서로에게 없어서는 안 될 존재라는 것을 확인한 그들은 경제생활과 성생활을 함께하지 않는다는 조건으로 재결합했다. 독립적인 여성으로서, 성공한 화가로서 더 이상 디에고에게 경제적으로 종속되고 싶지 않았고 성생활을 통해 야기되는 남녀간의 치정이 두려웠던 프리다가 내건 조건이었다.

두 번째 결혼 후 프리다와 디에고의 삶은 겉으로는 비교적 평온했다. 고향 코요아칸에서 앵무새와 원숭이, 개를 기르며 프리다는 정신적인 안정을 되찾아갔다. 그림을 계속 그렸고 학생들에게 미술을 가르쳤다. 뉴욕과 파리 전시 이후 국제적으로도, 국내에서도 명성이 쌓여갔다. 디에고의 독특한 아내가 아닌 화가로서 입지가 확고해졌다. 디에고의 외도는 여전했지만 그건 이제 아무런 문제가 되지 않았다. 지옥과도 같은 육체적 고통이 내리찍어 오로지 자신의 척추와 그림 외에 다른 것을 생각할 여유가 없었기 때문이다.

이 외출이 행복하기를
그리고 다시 돌아오지 않기를

1940년대 말부터 건강이 악화된 프리다는 결국 오른쪽 다리를 잘라 내야만 했고 몇 차례의 척추 수술은 실패를 거듭했다. 프리다는 하루의 대부분을 누워서 지내야만 했으며 휠체어에 기대 간신히 앉아 있을 수 있었다. 아프지 않은 날이 없었지만, 프리다는 그림을 포기하지 않았다. 침대에 누워 하루에 서너 시간씩 그림을 그려나갔다. 그리고 1948년 멕시코 공산당에 다시 입당한 뒤 사회적인 관심과 참여를 게을리 하지 않았다. 그녀는 아픈 몸을 이끌고 무리해서 정치 집회에 나가기도 했고 그림에서는 좀 더 명확하게 자신의 사회주의 색채를 드러냈다.

1953년 멕시코에서는 처음으로 프리다의 개인전이 열렸다. 그녀의 삶이 얼마 남지 않았음을 느낀 디에고와 친구들이 열어준 전시회였다. 일어나 앉지도 못하게 된 프리다는 침대를 그대로 전시회장으로 옮겨 개막식 축하연에 참석했다. 그녀는 누운 채로 전시회를 보러 온 군중들 앞에서 노래하고 마시며 함께 기뻐했다.

디에고와 함께 있는 프리다

1954년 프리다는 마침내 생의 고통을 떨치고 삶과 죽음이 하나인 곳 멕시코의 자연 속으로 돌아갔다. 프리다가 죽은 뒤 일 년 후에 디에고는 프리다의 초상화에 '항상 나의 눈동자로 남을 프리다에게'라고 새겨 넣었고 프리다가 떠난 3년 후 사랑하는 프리다 곁으로 떠났다.

1년 후인 1954년 7월 프리다는 어떤 불길한 예감 때문이었는지 아니면 무언가를 결심했는지 예측할 수 없는 말을 디에고에게 했다.

'왠지 당신을 빨리 떠날 것만 같아요.'

그리고 한 달여 남은 결혼 25주년 기념 은혼식 선물을 디에고에게 먼저 주었다.

그날 새벽, 프리다는 폐렴증세의 악화로 고통과 고독 속에서 보낸 47년의 아픈 생을 마쳤다. 일기 마지막에는 이런 말이 쓰여 있었다.

'이 외출이 행복하기를 그리고 다시 돌아오지 않기를.'

이 글로 일부 사람들은 그녀가 스스로 목숨을 끊었을지도 모른다고 추측하기도 한다. 프리다가 죽고 1년 후 디에고는 그녀가 태어나고 죽을 때까지 살았던 코요아칸의 '푸른집'을 나라에 기증했다. 그녀의 집은 이제 프리다를 기리는 미술관이 되어 있다.

홀로 남은 디에고는 반핵운동을 펼치며 혁명가의 대변인으로 살다가 프리다가 죽은 지 3년만인 1957년 사망하였다. 그는 프리다와 재로나마 영원히 결합하기 위해 화장을 원했다. 그러나 멕시코 정부는 예술가

디에고 리베라의 공로를 높이 사 그를 시민공원에 안장하였다.

프리다 칼로와 디에고 리베라. 두 명의 걸출한 멕시코 화가는 서로를 죽도록 연모하고 죽도록 미워하면서 그렇게 사랑을 완성시켰다. 그들에게 삶의 질곡과 분노, 질투, 치졸함은 그들이 나눈 사랑에 비해서는 아무 것도 아니었다. 훗날 프리다 칼로의 그림에서 표현되었듯 프리다는 디에고였고, 디에고는 프리다였다.

지독한 사랑에 중독되지 마라

오만하고 경솔했던 사랑

메리 스튜어트 · 헨리단리 · 보스웰 백작

스코틀랜드의 여왕 메리 스튜어트는 태어날 때부터 고귀한 존재였다. 운명은 그녀가 아무것도 모를 때부터 그녀를 존엄한 왕좌에 올려놓았다. 아무런 노력 없이 얻은 권력은 그녀에게 위엄과 오만을 허락했지만, 그녀가 위기에 처했을 때 이를 헤쳐 나갈 방법은 알려주지 않았다.

메리 스튜어트는 여왕으로서의 권위와 자긍심, 교양과 지성, 품위와 미모, 모든 것을 갖춘 여인이었다. 그러나 원하기 전에 모든 것이 준비되어 있었던 그녀의 인생 속에서 단 하나 부족한 것이 있었다. 그것은 메리 스튜어트, 본인의 감정에 대한 통제력과 관리능력이었다. 그녀는 자신의 격렬한 감정에 너무나 충실했고, 이것은 언제나 냉정과 품위를 잃지 않아야 하는 왕으로서는 치명적인 결점이었다.

그녀는 한 나라를 책임져야 하는 가장 중요한 자리에 있으면서도 사랑 앞에서는 그 의무를 잊어버렸다. 그러나 그녀가 끝내 잊어버릴 수 없는 것이 있었다. 그 어떤 사랑을 만나더라도 마지막까지 자신의 고귀함을 지키는 것이었다. 그녀는 비록 사랑에 몸을 던졌지만, 군림하려 하였고 지배자여야만 했다. 비록 그녀가 국왕의 의무를 망각한다 하더라도 그 권리는 분명히 알고 있었던 뼈 속 깊이 '신성하고 고귀한 왕의 피'였기 때문이었다.

스코틀랜드의 여왕, 프랑스의 왕비,
잉글랜드의 왕위 계승권자

1543년 9월 스코틀랜드의 스털링 성에서는 9개월 전 요절한 스코틀랜드의 왕 제임스 5세의 뒤를 이을 새로운 왕의 대관식이 치러졌다. 제임스 5세는 서자는 여럿 두었지만 정식 왕위 계승자가 될 적자 아들은 얻지 못했다. 그의 뒤를 이어받아 왕위에 오른 고귀한 핏줄은 왕비 마리 드 기즈와의 사이에 유일하게 남은 딸 메리 스튜어트(Mary Stuart, Mary Queen of Scots, 1542~1587)였다. 대관식을 치를 당시 메리 스튜어트는 생후 9개월에 불과했다.

당시 스코틀랜드의 왕가, 스튜어트 가문의 유일한 왕위 계승권자였던 메리 스튜어트는 태어나자마자 그 고귀한 신분 때문에 운명의 소용돌이에 휩쓸렸다. 그녀가 태어나고 6일 만에 아버지 제임스 5세는 전쟁 중에 얻은 병으로 30세라는 젊은 나이에 요절하고 말았다. 배냇저고리도 벗지 못한 그녀에게 스코틀랜드의 왕관이 굴러 떨어진 것이다.

갓난아기에게 주어진 왕권은 재앙에 가까웠다. 스코틀랜드를 노리고 있던 유럽의 왕들은 이 유일한 스튜어트 왕가의 정당한 핏줄을 차지하기 위해 혈안이 되었다. 먼저 잉글랜드의 왕 헨리 8세가 태어난 지 얼마 되지도 않은 메리 스튜어트를 자신의 아들 에드워드와 결혼시키겠다고

메리 스튜어트가 대관식을 올린 스털링 성

스코틀랜드 글래스고(Glasgow) 포스 강 하구에 있는 성(城)이다. 11세기 무렵 건설되었으며, 르네상스 건축
양식이다. 스코틀랜드에서 가장 웅장한 성이라는 평가를 받는다. 성이 있는 곳은 전략적 요충지이며, 3면
이 절벽으로 되어있다. 14세기 이후 스튜어트 왕가의 궁전으로 사용되었다.

나섰다. 제임스 5세가 죽고 섭정을 하던 제임스 해밀턴이 헨리 8세와 그리니치 조약을 맺고 메리 스튜어트와 에드워드의 결혼을 추진했다. 조약의 조건은 생후 6개월도 되지 않은 메리 스튜어트를 잉글랜드로 데려가는 것이었다. 그러나 프랑스 명문가 기즈가의 딸인 왕비 마리 드 기즈가 이 조약에 반대하고 나섰다. 그녀는 불한당 같은 헨리 8세에게 어린 딸을 맡길 수 없었다. 마리 드 기즈는 메리 스튜어트를 스털링 성에 숨기고 생후 9개월이 되었을 때 대관식을 치러 왕으로 즉위 시켰다. 그리고 호시탐탐 그녀를 노리는 헨리 8세에게 불시에 납치당하지 않도록 사람의 발길이 거의 닿지 않는 수도원에 꽁꽁 숨겼다.

헨리 8세가 죽자 마리 드 기즈는 공식적으로 그리니치 조약을 파기했다. 결혼을 통해 잉글랜드와 스코틀랜드를 통합하려 했던 계획이 실패로 돌아가자 잉글랜드는 즉각 스코틀랜드를 공격했다. 그러자 이번에는 잉글랜드가 스코틀랜드를 차지하는 것을 두고 볼 리 없는 프랑스가 나섰다. 프랑스의 앙리 2세는 스코틀랜드를 돕는다는 명분으로 군대를 파견했다. 앙리 2세 또한 메리 스튜어트를 자신의 아들과 결혼시켜 스코틀랜드를 차지하려는 속셈이었다. 잉글랜드를 물리친 앙리 2세는 어린 메리를 맏아들 프랑수와와 결혼시키기 위해 프랑스로 데려갔다. 어머니 마리 드 기즈도 프랑스가 친정의 나라였던 만큼 메리의 프랑스행에 동의했다.

메리 스튜어트는 섬나라 스코틀랜드와는 다르게 풍요롭고 문화적인 프랑스의 왕궁에서 최고의 교육을 받으며 자라났다. 그리고 그녀는 16살에 되던 해 앙리 2세의 바람대로 소꿉동무와도 같던 왕세자 프랑수와와 결혼식을 올렸다.

메리 스튜어트의 첫 번째 남자인 프랑수와 왕자는 친절하고 품위 있는 소년이었지만 병약했다. 그는 너무 강한 아버지 앙리 2세와 음험한 어머니 카트린 드 메디치 사이에서 어릴 때부터 병을 달고 살아 궁정의 걱정거리였다. 나이 6살에 프랑스로 건너간 메리 스튜어트는 그곳에서 자신보다 한 살 어린 프랑수와 왕자를 만났고 두 사람은 다행히도 금세 친해졌다. 귀여운 외모에 영민했던 메리 스튜어트는 왕궁의 사람들에게 사랑을 받았다. 프랑스 국왕 앙리 2세 또한 결혼지참금으로 스코틀랜드를 가져올 메리 스튜어트를 귀여워했다. 메리 스튜어트와 프랑수와 왕자는 프랑스 궁정의 귀여운 마스코트가 되었다. 장차 결혼이 예정된 사이였지만, 메리 스튜어트와 프랑수와 왕자 사이에서 싹튼 것은 사랑이라기보다는 우정에 가까운 감정이었다. 몸이 많이 약했던 프랑수와 왕자가 결혼 후 메리 스튜어트와 제대로 된 부부 관계를 맺었을지도 의문스럽다.

이때까지 메리 스튜어트에겐 프랑수와 왕자에 대한 자신의 감정은 그다지 중요하지 않았다. 사랑이 아니라 하더라도 프랑수와 왕자는 어

프랑수와 왕자와 메리 스튜어트

메리 스튜어트는 거의 180cm에 달하는 큰 키에 날씬한 몸매, 금발
에 호박색 눈을 가진 뛰어난 미모의 공주였다. 그녀는 음악과 시에
도 풍부한 교양을 갖추어 1558년 4월 프랑수아 2세와 결혼할 당시
르네상스 시대의 이상적인 공주의 모습을 모두 지니고 있었다. 이
결혼은 프랑스와 스코틀랜드의 동맹을 위한 정략결혼이었지만 메
리는 진심으로 프랑수와에게 우정을 느끼고 있었다.

릴 때부터 죽이 잘 맞는 친구였고 왕으로서의 고귀함을 가진 남자였다. 폭풍 같은 사랑의 감정을 모르는 16세 메리 스튜어트에게 프랑수와 왕자는 나무랄 데 없는 배필이었다. 그와의 결혼은 항차 유럽의 강대국 프랑스의 왕비자리를 예약하는 것이었다. 프랑스 궁정에서 오래 자란 메리 스튜어트에게 이 결혼은 비록 정략결혼이었지만 지극히 자연스럽게 수순을 밟아가는 만족스러운 결혼이었다.

바람대로 메리 스튜어트는 결혼한 지 1년 만에 프랑스의 왕비자리에 올랐다. 시아버지 앙리 2세가 마상 경기에서 만용을 부리다 부상을 입어 급작스레 사망한 것이다. 프랑수와 왕자가 프랑수와 2세로 즉위하면서 명실상부 프랑스의 왕비가 된 메리 스튜어트에게 별로 생각지도 않았던 또 하나의 지위가 굴러 들어왔다. 헨리 8세 사후 매우 복잡해진 잉글랜드 왕위계승 경쟁에서 그녀가 첫 번째 왕위계승권을 가지게 된 것이다. 이 당시 메리 스튜어트에게 잉글랜드는 그다지 절실한 땅이 아니었다. 그러나 훗날 그녀는 잉글랜드를 얻기 위해 자신의 목숨을 걸어야만 했다.

스코틀랜드의 여왕이자 프랑스의 왕비, 잉글랜드의 첫 번째 왕위계승권자였던 메리 스튜어트는 유럽 최고의 지위를 가진 여인이 되었다. 이때까지 메리 스튜어트에게 권력은 노력으로 얻는 것이 아니라 피의 신성함으로 자연스레 따라오는 것일 뿐이었다. 이것이 훗날 그녀의 인생을 질곡으로 몰아넣는 원인이 되었을지도 모르겠다.

과부가 되어 조국 스코틀랜드로

오만한 여왕이자 왕비였던 메리 스튜어트의 행복한 시절은 왕비가 된 지 1년 만에 끝나고 만다. 병약했던 남편 프랑수와 2세가 갑자기 사망하여 18세라는 꽃다운 나이에 과부가 된 것이다. 남편의 죽음에 슬퍼할 새도 없이 메리에게는 어려운 결정과 폭풍을 동반한 미래가 기다리고 있었다.

프랑스 궁정에서 메리 스튜어트는 결혼 지참금으로 스코틀랜드를 가져올 복덩이 신부감으로, 장차 프랑스 왕비가 될 존엄한 왕녀로 언제나 모든 사람의 숭배를 받았다. 그녀는 궁중의 가장 아름답고 귀한 히로인이었다. 그에 비해 앙리 2세의 왕비이던 카트린 드 메디치는 불우한 시절을 보내고 있었다. 이태리 부호 메디치 가를 친정으로 둔 그녀는 남편 앙리 2세의 정부 디안 드 프와티에에게 남편의 사랑도, 왕궁 내 권력도 모두 빼앗긴 채 궁정 사람들에게 무시당하며 눈물의 세월을 보내고 있었다. 이 시기 자신의 고귀한 신분에 도취되어 있던 메리 스튜어트 또한 시어머니 카트린 드 메디치를 '장사꾼의 딸'이라며 경멸했다.

그러나 메리 스튜어트의 남편 프랑수와 2세가 죽자 왕궁의 권력 판도가 완전히 바뀌었다. 가문을 등에 업고 권력을 잡은 시어머니 카트린 드 메디치가 알게 모르게 핍박하기 시작하면서 프랑스 왕궁 내에서 메

카트린 드 메디치

프랑스 앙리2세의 왕비이며 메리 스튜어트의 시어머
니이다. 오랫동안 권력으로부터 소외되어 있다가 장남
프랑수와 2세 사망 후, 차남 샤를 9세의 즉위를 계기로
실권을 장악. 신구 양 교도의 충돌을 부채질하거나 조
정하며 종교전쟁 하에서도 왕권유지와 신장에 진력하
였다. 샤를9세가 신교파에 편중하자 신교도를 학살하
는 성 바르톨로메오 축일의 대학살사건을 일으켰다.

리 스튜어트의 입지는 급격히 좁아졌다.

거기다 이무렵 자신을 대신해 스코틀랜드를 섭정하던 어머니 마리 드 기즈가 죽었다. 메리 스튜어트에게는 6살 무렵 떠나온 후 한 번도 가 보지 않은 땅 스코틀랜드를 통치할 의무가 주어졌다. 아버지 제임스 5세의 서자인 이복 오빠 제임스 스튜어트 모레이 백작에게 스코틀랜드의 섭정을 맡겨 두고 프랑스 왕궁에 머물 것인가, 낯설지만 자신의 왕국인 스코틀랜드로 돌아갈 것인가 메리 스튜어트는 결정해야 만했다.

남편을 잃은 힘없는 왕비로 살기보다는 하루를 살더라도 왕으로 살고자 했던 19세의 메리 스튜어트는 고국 스코틀랜드로 귀국을 결심했다. 당시 스코틀랜드는 프로테스탄트와 가톨릭으로 나뉘어 국가 전체가 종교분쟁으로 달아오르고 있었고, 여왕의 귀환은 다가올 불운한 폭풍을 예감하게 했다.

숙명의 라이벌 엘리자베스 1세

잉글랜드와 국경을 맞댄 스코틀랜드의 여왕 메리 스튜어트에게는 절대 잊어서는 안 될 존재가 있었다. 그녀는 바로 역사상 가장 뛰어난 국왕 중 한 명으로 칭송받는 잉글랜드의 여왕 엘리자베스 1세였다. 엘리자베스 1세의 삶에서 메리 스튜어트 또한 가장 신경 쓰이는 존재였다.

　메리 스튜어트와 엘리자베스 1세는 가까운 친척이다. 메리 스튜어트의 아버지 제임스 5세와 엘리자베스 1세는 4촌 지간으로 메리 스튜어트에게 엘리자베스 1세는 5촌 아주머니가 된다.

　태어날 때부터 권력이 부록처럼 따라왔던 메리 스튜어트와는 달리 엘리자베스 1세는 왕이 되기 전까지 그 목숨마저 위태로웠던 비운의 공주였다. 헨리 8세와 앤 블린 사이에서 태어날 당시는 어머니가 정식 왕비였기 때문에 엘리자베스 튜더(엘리자베스 1세)는 적자였다. 그러나 그녀는 일찍이 아버지 헨리 8세가 어머니 앤 블린을 도끼로 목을 쳐 죽이고 결혼을 부정함으로써 서출로 내쳐지는 비극을 겪었다. 그리고 배다른 언니 메리 1세(메리 튜더)가 왕으로 군림하던 때에는 런던탑에 갇혀 있기도 하였다. 엘리자베스는 왕으로 즉위하기 전까지 피눈물의 세월을 보내야만 했다. 프랑스 왕궁에서 모든 사람들로부터 귀여움과 아첨을 받으며 자란 메리 스튜어트와는 출발부터 달랐다.

　배다른 언니 메리 1세가 죽고 난 후 엘리자베스가 왕권을 차지하는 데에는 한 가지 문제가 있었다. 아버지 헨리 8세가 살아생전 엘리자베스를 서출이라고 공표했기 때문에 왕으로 즉위할 적법성이 떨어지는 것이다. 헨리 8세가 만든 영국 국교회와 대부분의 잉글랜드 국민들은 그녀를 왕으로 인정했다. 그러나 가톨릭 세력은 엘리자베스의 어머니인 앤 블

잉글랜드의 여왕 엘리자베스 1세
엘리자베스 1세의 치세동안 영국은 절대주의 전성기를 이루었다. 국
민들은 그녀를 '훌륭한 여왕 베스'라고 부르며 경애하였다. 왕위 계승
을 두고 스코틀랜드의 메리 스튜어트와 반목했고, 사랑의 늪에 빠져
여러 번 결혼한 메리 스튜어트와 달리 평생 독신으로 살아갔다.

린이 헨리 8세의 첫 왕비, 가톨릭 국가 스페인의 공주였던 캐서린을 몰아내고 왕비자리를 차지했기 때문에 끝까지 엘리자베스를 서출로 생각했다. 가톨릭 세력은 국교도인 엘리자베스를 대신할 다른 왕위계승자를 찾았다. 엘리자베스 공주가 부적격자라면 그 왕위는 바로 가톨릭 신자인 메리 스튜어트의 것이었다.

　메리 스튜어트의 할머니는 헨리 7세의 딸 마가렛 튜더로 헨리 8세의 누나였다. 엘리자베스를 서출로 확정짓고, 그 외 헨리 8세의 적자 직계가 없다고 한다면 제1왕위계승권은 메리 스튜어트에게 있었다. 엘리자베스가 잉글랜드의 왕이 될 당시 행복한 프랑스의 왕비였던 메리 스튜어트에게 잉글랜드의 왕위계승권은 그다지 중요한 문제는 아니었다. 그러나 메리 스튜어트는 엘리자베스가 왕위에 오르는 것을 축복하지 않았다. 실제 통치자가 될 것도 아니면서 메리 스튜어트는 자신의 문장에 잉글랜드의 왕관을 새겨 넣었다. 이것은 엘리자베스 1세의 자존심에 크나큰 상처를 안겨 주었다. 메리 스튜어트의 문장은 엘리자베스 1세를 잉글랜드의 왕으로 절대 인정하지 않겠다는 것을 의미했다. 오만하게도 메리 스튜어트는 자신의 '신성한 피'를 뽐내며 서출로 내몰려 굴욕과 위기의 세월을 견뎌온 엘리자베스 1세를 모욕했던 것이다. 이때부터 시작한 두 여인의 질시와 반목은 메리 스튜어트가 죽을 때까지 계속된다.

격정적으로 찾아온 첫사랑

스코틀랜드에 도착하고 처음 몇 년간 메리 스튜어트의 통치점수는 그다지 나쁘지 않았다. 그녀는 비록 가톨릭 교도였으나 이미 스코틀랜드에 굳게 자리 잡기 시작한 프로테스탄트를 배척하지 않았다. 프로테스탄트의 리더였던 이복오빠 제임스 스튜어트 모레이 백작과 국정 일부를 나누며 종교적, 정치적 공존을 꾀하기도 하였다.

그 와중에 20대 초반 나이에 혼자가 된 메리 스튜어트의 결혼은 언제나 초미의 관심사였다. 그녀가 누구를 택하느냐에 따라 스코틀랜드와 유럽 전체의 판도가 완전히 달라질 수 있기 때문이었다. 메리 스튜어트의 결혼에 가장 관심이 많았던 사람은 엘리자베스 1세였다. 그녀는 메리 스튜어트가 유럽 강대국의 왕과 결혼하여 잉글랜드와 자신의 왕위를 위협할까 두려워했다. 가톨릭 국가의 수장이라 칭해지던 스페인이 메리 스튜어트와의 결혼을 추진했을 때 엘리자베스 1세는 번번이 이 결혼을 훼방 놓았다. 그러면서 메리 스튜어트에게 잉글랜드나 스코틀랜드의 귀족 중 하나를 배우자로 택하라고 충고했다. 심지어는 한때 자신의 정부였던 레스터 백작을 추천하기까지 했다.

엘리자베스 1세의 모욕적인 간섭에 메리 스튜어트는 코웃음을 쳤다. 엘리자베스 1세가 뭐라고 하든 스코틀랜드 왕관 정도에 만족할 수 없었던 야심만만한 메리 스튜어트는 그녀의 지참금, 즉 스코틀랜드를 걸고 강대국의 왕비자리를 찾아보고 있었다.

그러나 운명은 이상한 곳에서부터 메리 스튜어트를 찾아왔다. 정략적 결혼 외에는 다른 가능성은 전혀 생각지도 않던 메리 스튜어트에게 너무나 뜻밖에도 사랑이 찾아오고만 것이다. 그것은 메리 스튜어트가 처음으로 경험하는 감정이었다. 죽은 첫 남편 프랑수와 2세에게서는 느낄 수 없었던 남녀 간의 뜨거운 사랑이었다. 그 상대는 스코틀랜드와 잉글랜드의 귀족 헨리 스튜어트 단리였다.

헨리 스튜어트 단리, 통칭 헨리 단리라고 불리는 그는 메리 스튜어트와는 사촌지간이었다. 메리 스튜어트의 할머니 마가렛 튜더가 제임스 4세가 죽은 후 재혼한 상대가 헨리 단리의 외할아버지 앵거스 백작이었다. 헨리 단리의 어머니 레녹스 백작 부인은 메리 스튜어트의 아버지 제임스 5세의 아버지가 다른 여동생이었다. 헨리 단리의 아버지 레녹스 백작은 비록 스튜어트라는 성을 쓰지만 스코틀랜드의 왕위 계승권과는 관련이 없었고 심지어 왕가와 불화를 빚은 탓에 영국으로 망명을 간 신세였다. 다만 헨리 단리의 외할머니가 마가렛 튜더였기에 그도 메리 스튜어트와 마찬가지로 잉글랜드의 왕위계승권은 가지고 있었다.

헨리 단리는 퍽이나 핸섬한 청년이었다. 그는 남성미보다는 요즘으로 말하면 꽃미남에 가까운 남자였다. 당시 스코틀랜드에 외교관이었던

멜빌은 그의 외모를

'예쁘장하고 호리호리하고 수염도 없이, 남자라기보다는 여자 같은 젊은이'

라고 했고, 모비씨에르는

'이보다 더 아름다운 왕자를 볼 수는 없다.'

고 했으며, 결정적으로 메리 스튜어트는 오랜만에 만난 이 사촌을 자기가 만난 남자들 중

'가장 친절하고 멋지게 생긴 키가 큰 남자'

라고 말했다.

메리 스튜어트는 프랑스 왕비 시절 헨리 단리를 한 번 본 적이 있지만 그때 헨리 단리는 그저 15살의 소년일 뿐이었다. 하지만 4년 후 다시 그녀 앞에 나타난 19세의 헨리 단리는 아름답고 우아한 외모를 가진 멋진 청년이었다. 헨리 단리는 메리 스튜어트보다 3살 연하였다.

잉글랜드에서 살고 있던 헨리 단리는 사촌 누이 메리 스튜어트에게

두 번째 남편 헨리 스튜어트 단리

메리 스튜어트를 사랑에 빠뜨린 단리 백작은 곱상한 외모
와 달리 방탕했으며 왕위를 넘보는 야심가였다. 남녀 간에
사랑에 눈을 뜬 메리 스튜어트는 사랑에 빠져 무분별하게
헨리 단리와 두 번째 결혼식을 올린다. 그러나 이 결혼은
스코틀랜드의 권력구조와 이해관계가 있는 사람들의 적개
심을 불러일으킴으로써 불행한 운명의 시발점이 되었고 결
국 메리를 파멸로 이끌어 갔다.

안부인사차 방문하는 형식으로 스코틀랜드에 왔다. 이 방문은 외형적으로는 친척 방문이라는 형식이었지만 그 저변에는 메리 스튜어트의 고모뻘인 헨리 단리의 어머니 레녹스 백작부인의 용의주도한 계획이 깔려 있었다. 비록 왕은 아니었지만, 잉글랜드의 왕위계승권을 가진 헨리 단리도 그럭저럭 메리 스튜어트의 결혼상대 말단 자리에 이름 정도는 올려놓을 수 있는 신분은 되었다. 다른 수많은 결혼 후보들이 그렇듯 레녹스 백작부인은 아들 헨리 단리의 외모에 기대를 걸고 메리 스튜어트와 헨리 단리를 만나게 한 것이었다.

레녹스 백작부인의 기대는 성과가 있었다. 헨리 단리의 아름다운 외모와 어머니 레녹스 백작부인의 지시에 따라 보여주는 멋진 매너에 메리 스튜어트는 홀딱 빠져들었다. 그것은 메리 스튜어트가 태어나서 처음으로 맛보는 달콤한 첫사랑이었다.

메리 스튜어트는 아름다운 여인이었다. 훤칠한 키에 높은 이마, 오뚝한 콧날을 가졌던 메리 스튜어트는 미모만큼 사람들에게 애교도 부릴 줄 알아 많은 사람들이 그녀를 여자로 흠모했다. 이미 프랑스 궁정에 있을 때부터 그녀의 미모는 유럽 왕실 전체에 알려져 있었다. 그녀가 스코틀랜드로 돌아왔을 때 프랑스에서부터 따라온 궁중 시인은 그녀에 대한 무모한 사랑을 불태우다가 사형을 당하기도 했다.

젊고 아름다웠으며, 한 나라의 국왕으로 권력의 최정점에 있었던 메리 스튜어트는 자신의 두 번째 결혼에 신중했어야 했다. 그러나 처음 느껴 본 사랑은 그녀의 이성과 판단력을 마비시켰다. 왕의 입장보다는 여자로서의 욕망이 앞서기 시작했다. 사랑에 빠진 세상 여자들이 대부분 그러하듯 메리 스튜어트는 아름다운 남자 헨리 단리에게 맹목적으로 많은 것을 주고 싶었다.

그녀가 평범한 귀족여인이었다면 이 성급하게 타오른 사랑은 그저 작은 해프닝과 마음의 상처를 남기고 해소되었을 수도 있었다. 그러나 문제는 그녀가 국왕이라는 데 있었다. 여왕과 결혼하는 남자는 왕이 되는 것이다. 아무리 명목상의 왕이라 할지라도 왕은 일반 귀족과는 권력과 지위 면에서 격이 다른 존재였다. 여왕 메리 스튜어트에게 있어서 결혼이란 사랑하는 남자와 하는 것이 아니라 왕의 자격이 갖춘 남자와 해야 하는 것이었다. 그런데도 메리 여왕은 헨리 단리의 잘생긴 외모에 빠져 오직 사랑 하나로 그를 배필로 골랐다. 이것이 바로 메리 스튜어트의 첫 번째 불행의 시작이었다.

아름다운 남자 헨리 단리는 메리 스튜어트가 그토록 열에 달뜰 만큼 내면까지 멋진 남자가 아니었다. 그는 멍청했고 우유부단했으며, 헛된 야망을 꿈꾸는 치졸한 남자였다. 그러나 이미 눈에 콩깍지를 쓴 여왕에게 헨리 단리의 결점은 보이지 않았다.

메리 스튜어트는 너무나도 성급히 결혼을 추진했다. 결혼 전 이미 헨

메리 스튜어트와 두 번째 남편 헨리
그림으로 보아도 메리 스튜어트보다 어려 보이는 헨리 단리는 곱상한 외모로 메리를 격정적인 사랑으로 이끌었다. 하지만 이들의 사랑은 그리 오래 가지 못했다.

리 단리와 함께 육체의 쾌락을 맛봐버린 메리 스튜어트에게 더 좋은 혼처는 안중에도 없었다. 그녀는 자신이 동원할 수 있는 모든 권력을 다해 최대한 빨리 결혼을 성사시켰다. 그리고 헨리 단리에게 왕의 호칭을 부여하고 사랑하는 남자로 떠받들었다.

헨리 단리에 대한 메리 스튜어트의 조급한 사랑은 두 가지 재앙을 불러왔다.

첫 번째는 잉글랜드 왕위계승권을 가진 두 남녀의 결합으로 왕권을 위협받은 엘리자베스 1세가 극도로 신경질적이 되어 음모를 꾸미기 시작했다는 것이다.

또 다른 하나는 메리 스튜어트와 국정을 나눠 가졌던 이복오빠 제임스 스튜어트 모레이 백작과의 반목이었다. 그는 메리 스튜어트가 다른 나라 왕과 결혼해 스코틀랜드를 떠나 주기를 원했다. 그렇다면 비록 섭정이라 할지라도 스코틀랜드의 통치권은 온전히 자신의 것이기 때문이다. 그러나 메리 스튜어트가 국내에서 헨리 단리라는 결혼상대를 찾자 모레이 백작은 반란을 일으켰고 반란이 실패로 돌아가자 망명했다. 영국으로 도망간 모레이 백작은 엘리자베스 1세와 결탁하여 호시탐탐 메리 스튜어트를 스코틀랜드에서 몰아낼 기회를 노렸다.

제임스 스튜어트 모레이 백작

스코틀랜드의 제임스 5세의 서자로 메리 스튜어트의
배다른 오빠이다. 마리 드 기즈가 죽은 후 스코틀랜
드를 섭정하려했으나 메리 스튜어트의 귀국과 헨리
단리와의 결혼으로 권력에 위협을 느끼고 잉글랜드
의 엘리자베스 1세와 결탁하여 메리 스튜어트에게 맞
섰다. 프로테스탄트 귀족의 수장이었고 훗날 메리를
추방하고 그녀의 아들 제임스 1세가 어린나이로 스코
틀랜드의 왕으로 즉위하면서 섭정에 나섰다. 메리 스
튜어트가 죽기 2년 전에 암살당하였다

식어버린 사랑, 상처 입은 존엄

사실 앞서의 두 가지 재앙보다 더 큰 재앙은 메리 스튜어트의 정열적이었던 사랑이 갑자기 식어 버렸다는 것이었다. 헨리 단리의 외모에 빠져 눈이 멀었던 메리 스튜어트는 그 사랑이 식자 자신이 결혼한 남자가 한심한 바보라는 사실을 깨달았다.

결혼 후 헨리 단리는 메리 스튜어트가 뼛속 깊은 곳으로부터 왕녀라는 사실을 망각했다. 그는 메리 스튜어트가 자신에게 보내는 숭배와 사랑을 당연한 듯이 여겼고 그녀를 자기 소유물이라고 생각했다. 그러나 그것은 오판이었다.

헨리 단리에 대한 메리 스튜어트의 사랑은 왕이 사랑하는 사람에게 베푸는 시혜였으며, 비록 왕이지만 남편 앞에서만은 한 사람의 여인이 되어 주겠다는 은혜로운 양보였다. 그것은 외양적으로 어떤 형태였던 간에 어디까지나 위에서 아래로 베푸는 성은이었다.

그런데도 눈치 없는 헨리 단리는 메리 스튜어트에게 왕권을 나눠 주지 않는다고 투정을 부렸다. 하늘아래 두 명의 왕은 있을 수 없었다. 태어나면서부터 왕이었던 메리 스튜어트가 아무리 사랑하는 남자라 한들 왕권을 나눠 가질 리 만무했다. 메리 스튜어트는 방자해지는 헨리 단리에게 점점 싫증을 느꼈고 그와의 결혼이 절대적인 실수라고 생각했다.

애초에 첫사랑이란 쉽게 달아오르지만 그만큼 그 불꽃도 쉽게 사그라진다. 헨리 단리와의 로맨스에 잠시 판단력이 흐려졌던 메리 스튜어트는 곧이어 이성을 되찾았다. 그리고 자신이 너무나 한심한 남자를 배우자로 들여 놓았음을 깨닫자 그에게 바쳤던 모든 숭배와 선물을 즉시 거둬들였다. 아내의 눈에서 콩깍지가 이미 떨어져 나간 것을 눈치 채지 못한 헨리 단리의 투정이 심해지면 심해질수록 그의 입지는 점점 좁아졌다. 여왕의 사랑을 받을 때는 그나마 보장받았던 형식적 권력과 궁정의 존중도 하나하나 사라져갔다. 여왕과 보내는 뜨거운 밤도 점차로 없어졌다.

사실 이때 헨리 단리가 그저 여왕의 배우자로, 형식적인 왕의 호칭에 만족하고 견뎠다면 역사는 다른 방향으로 흘러갔을지도 모르겠다. 가톨릭 교도였던 메리 스튜어트에게 이혼이란 있을 수 없는 일이었기에 헨리 단리는 허수아비 왕의 자리라도 유지할 수는 있었을 것이다. 그러나 헨리 단리는 어리석은 사람이었다. 그는 불안했고 상황을 타개할 방법을 찾고 있었다. 결국 그는 영국의 엘리자베스 1세와 모레이 백작이 조종하는 스코틀랜드의 프로테스탄트 귀족들의 꾐에 넘어갔다.

당시 메리 스튜어트는 국정을 비서인 다비드 리쪼오와 의논하고 있었다. 다비드 리쪼오는 이태리 피에몬테 사람으로 독실한 가톨릭 신자였다. 처음에는 가수로 궁정에 들어왔던 리쪼오는 메리 스튜어트의 눈에 들어 곧바로 여왕의 비서로까지 발탁되었다. 메리 스튜어트의 뜻을 받들어 교황을 부추겨 헨리 단리와의 결혼을 빠르게 성사시킨 것도 리찌오였다.

헨리 단리는 좁아지는 자신의 입지와는 다르게 나날이 권세가 커져 가는 리찌오를 질투했다. 그가 여왕과 국정을 의논하느라, 밤늦게까지 여왕의 집무실에 단둘이 남아 있는 것도 불안했다. 그런 헨리 단리의 마음에 프로테스탄트 귀족들이 질투의 불꽃을 당겼다. 리찌오가 여왕의 정부일지도 모른다는 의심을 헨리 단리의 마음에 심은 것이다.

리찌오가 진짜 메리 스튜어트의 정부였는지 아니었는지에 대해서는 당대에도 후세에도 의견이 분분하다. 그러나 메리 스튜어트처럼 감정에 솔직하고 직선적인 여인이라면 리찌오를 어두운 곳의 정부로 두지는 않았을 것으로 생각된다. 리찌오에 대한 메리 스튜어트의 감정은 어리석은 남편과는 의논하지 못하는 국정을 의논할 만큼 영민한 친구에 대한 무한한 신뢰와 충성스러운 신하에 대한 총애였을 것이다.

프로테스탄트 귀족들은 가톨릭 신자인 리찌오가 여왕의 마음을 돌려 스코틀랜드를 가톨릭 국가로 회귀시킬까 두려웠다. 귀족들은 헨리 단리를 자신들의 세력으로 끌어들이고 함께 리찌오를 제거할 계획을 세웠다. 어리석은 헨리 단리는 미처 깨닫지 못하고 있었지만, 귀족들은 여차하면 여왕 메리 스튜어트도 제거할 위험한 생각을 품고 있었다.

운명의 날 헨리 단리는 여왕의 개인 공간으로 반란 귀족들을 끌어들였다. 그리고 자신의 아이를 가진 임신 5개월의 아내 메리 스튜어트 앞에서 그녀가 총애하는 리찌오를 칼로 난자해서 죽였다. 살려달라고 애원하는 리찌오를 구해주려는 메리 스튜어트를 헨리 단리는 완력으로 눌러 그녀의 위엄에 상처를 입혔다.

이것이 단지 한 사람의 아내가 남편에게 느끼는 배신감과 실망이었다면 그다지 큰일이 아니었을지도 모른다. 그러나 메리 스튜어트는 왕이었다. 그녀의 존엄과 위엄과 권위가 어리석은 남편으로 인해 일거에 땅에 떨어지는 경험을 한 메리 스튜어트는 죽어도, 아니 죽어서도 헨리 단리를 용서할 수 없었다. 왕에게 굴욕을 안겨준 헨리 단리는 불구대천의 원수였으며 반드시 복수해야 할 대상이 되었다.

그녀는 자신이 시해당할지도 모를 위급한 순간은 피하기 위해 헨리 단리를 회유했다. 어리석은 남자 헨리 단리는 아내 메리 스튜어트가 이전과는 달리 자신에게 고분고분해지자 감격했다. 그리고 그와 함께 반란을 일으킨 귀족들의 이름을 하나하나 고해바치며 또 다른 배신을 했다. 헨리 단리의 우유부단함 탓에 기회를 잡은 메리 스튜어트는 든든한 군사적 지원자 보스웰 백작에게 자신을 의탁했다.

세 번째 남자 불한당 보스웰

　제임스 햅번 보스웰 백작은 스코틀랜드 해군제독으로 명성을 쌓았으며 카사노바로도 유명했다. 통상 보스웰 백작이라고 부르는 이 남자는 메리 스튜어트가 일찍이 상대해 본 적이 없는 유형에 속하는 남자였다. 그는 이전에 메리 스튜어트가 만났던 우아한 매너와 곱상한 외모를 가진 남자들과는 전혀 달랐다. 그의 외모는 추하다고 할 만큼 못생겼으며 매너라고는 눈꼽만큼도 찾아 볼 수 없었다. 대신 그는 자신의 욕망에 충실했으며, 엄청난 추진력과 과도한 결단력, 그리고 힘을 가지고 있었다. 부도덕했으며 매혹적이지도 않았지만, 보스웰 백작은 남자 그 자체였다. 메리 스튜어트 스스로 말했듯이 밀랍으로 만든 심장을 가진 우유부단한 남편 헨리 단리에게 지친 그녀에게 보스웰 백작의 이런 모습은 무척 신선하게 다가왔다.

　역사가에 따라서는 보스웰 백작과 메리 스튜어트의 관계를 불륜이라고 하는 측도 있고, 보스웰 백작이 메리 스튜어트를 강제로 범해 메리 스튜어트에게는 선택의 여지가 없었다고 주장하는 측도 있다. 그것은 메리 스튜어트가 남겼다고 추정되는 일련의 연애시(소네트)와 보스웰에게 보낸 편지를 진본으로 보느냐, 위조본으로 보느냐의 관점에 따라 달라진다.

메리 스튜어트의 글들은 보스웰 백작이 훗날 스코틀랜드에서 도망 갈 때 두고 간 상자 속에서 발견되었다. 그 상자는 메리 스튜어트가 프랑스 왕비시절 프랑수와 2세로부터 선물 받은 은으로 만든 상자였다. 그녀의 글에 대해서는 당대에는 위조에 관한 말이 없다가 후세에 여러 가지 버전으로 필사되면서 위조설이 생겨났다. 그 내용이 한 나라의 국왕이 쓸 만한 것이 아니었기 때문이다. 메리 스튜어트의 글은 한 남자를 향해 권위도 위엄도 자존심마저 다 내던져버린 한 여인의 애절한 호소와 구애였다(여기서는 그녀가 남긴 글이 진짜라고 판단하고 이를 바탕으로 보스웰 백작과 메리 스튜어트의 관계를 재구성하였다).

처음부터 메리 스튜어트가 보스웰 백작에게 빠져든 것은 아니었다. 어디까지나 그는 그녀의 신하였다. 보스웰 백작은 프로테스탄트였기 때문에 독실한 가톨릭 신자였던 메리 스튜어트와 종교도 달랐다. 메리 스튜어트는 단지 남편과 귀족들의 위협으로부터 보호받기 위해 군사력을 가진 보스웰 백작에게 의탁했을 뿐이었다. 실제로 메리 스튜어트는 자신의 충성스러운 신하를 위해 신붓감을 골라주고 결혼을 주선하기도 하였다. 그러나 두 사람의 사이는 곧이어 심상치 않은 단계로 발전했다.

그녀가 썼다고 추정되는 소네트에 따르면 그들의 처음은 강간에 가까운 성관계로부터 시작되었던 것 같다.

세 번째 남편 보스웰 백작

사랑에 상처 입고 또다시 사랑에 빠진 메리 스튜어트를 차지한 음모
가, 헨리 단리를 제거하고 메리 여왕과 세 번째 결혼을 한다. 어린 시
절의 우정 같은 사랑, 꽃미남과의 달콤한 사랑, 야성적인 남자와의 결
정적인 사랑에 차례로 몸을 맡긴 메리 스튜어트는 스스로 파국의 길
을 걷게 된다.

그이로 인해 많은 눈물을 흘렸네

맨 처음 그이가 내 육체를 소유했을 때

그는 내 마음을 아직 갖지 못했으므로

그러나 이 관계는 메리 스튜어트의 걷잡을 수 없는 치명적인 사랑으로 발전하고 말았다. 그 어떤 남자도 만족시켜 주지 못했던 메리 스튜어트의 뜨거운 피가 마침내 임자를 만난 것이다.

보스웰 백작이 메리 스튜어트를 성적으로 취한 것은 그저 부도덕한 남자가 젊고 아름다운 여인에게 가지는 욕망 그 이상도 그 이하도 아니었다. 하지만 메리 스튜어트에게 보스웰 백작과의 관계는 이전에 경험해 본 적 없는 폭발과도 같은 사랑의 발화였다. 그녀의 판단력은 흐려진 것이 아니라 사랑의 불길 속에서 녹아내려 버렸다. 메리 스튜어트는 보스웰 백작에게 육체적으로 정신적으로 완전히 예속되었다. 한때 결혼마저도 전략적으로 이용하려 했던 냉혹하고 차가운 이성의 여왕은 어디에도 없었다.

보스웰 백작의 마음을 얻기 위해 메리 스튜어트는 그 앞에서 스스로를 헌신짝처럼 버렸다. 굴욕적으로 그의 사랑을 갈구했으며 그를 자신의 곁에 붙잡아 두기 위해선 어떠한 일도 저지를 수 있는 여자가 되어 버리고 만 것이다.

보스웰 백작에 대한 메리 스튜어트의 사랑은 거의 광기에 가까웠다. 헨리 단리를 사랑했을 때와는 그 강도와 격이 달랐다. 보스웰 백작의 사랑만 얻는다면 왕의 자리도, 나라도, 명예도, 심지어 자식까지도 어떻게 되든 아무 상관이 없었다.

그녀는 보스웰 백작에게 바치는 소네트에 이렇게 썼다.

그이의 손 안에 그이의 생각 안에

지상에서 내가 가진 모든 것을 맡기겠네

내 아이, 내 나라, 생명, 행복과 명예까지도

내 영혼은 영원히 그이에게만

오직 그이에게만 보이고 싶어라

오직 그이에게 결합되어 죽음에 이르기까지 충실하게

그이 곁에 행복하게 머물고 싶어라. 세상이야 어찌되든

메리 스튜어트는 또 한 번 사랑 앞에서 자신의 신분을 망각했다. 이 사랑은 헨리 단리와의 사랑처럼 한순간의 실수로 그치는, 수습할 수 있는 사랑이 아니었다. 그것은 메리 스튜어트의 일생을 송두리째 망쳐 놓는 사랑이었다. 보스웰 백작에 대한 사랑으로 인해 메리 스튜어트는 왕으로서도 어머니로서도 심지어 여자로서도 모든 것을 잃었다.

문제는 그녀가 그토록 사랑한 남자 보스웰 백작에게 메리 스튜어트는 특별한 사랑이 아니었다는 데 있었다. 불행히도 보스웰 백작에게 그녀는 그가 범했던 수많은 여자 중 하나였을 뿐이었다.

실제로 보스웰 백작은

'당신과 엘리자베스를 합쳐도 제대로 된 여자를 만들어 낼 수는 없을 걸요.'

라고 하면서 메리 스튜어트와 엘리자베스 1세를 한꺼번에 모욕하는 말을 공공연히 떠들고 다니기도 했다.

다만, 메리 스튜어트에게 다른 여자가 가지지 못한 한 가지 매력이 있다면 그것은 그녀가 여왕이라는 사실이었다. 여성을 성적인 대상 아니면 자신의 성공을 위한 발판으로밖에 생각하지 않았던 보스웰 백작은 완전히 눈이 멀어버린 메리 스튜어트의 사랑에서 어떤 가능성을 발견했다. 여왕에게 이토록 자신을 사랑한다면 한낱 정부로 둘 것이 아니라 왕의 자리를 내달라고 요구한 것이다. 보스웰 백작 곁에 있는 일 외에 아무것도 생각할 수 없었던 메리 스튜어트는 그의 무리한 요구를 운명처럼 받아들였다.

장애물은 헨리 단리였다.

잘못된 사랑에서 시작된 파국의 길

장애물 제거계획은 보스웰 백작이 직접 짜고 진두지휘했다. 모든 사실을 알고 있던 메리 스튜어트는 그를 도왔다. 이 부적절한 커플이 없애려는 대상 헨리 단리는 이미 정나미가 떨어졌다고 해도 엄연히 메리 스튜어트의 법적인 남편이었으며 명목상이나마 스코틀랜드의 왕이었다. 그저 범부 한 명을 죽여도 그 죄의 대가가 결코 만만치 않은 판에, 계급사회였던 1500년대에 왕을 암살하는 것은 세상이 뒤집어질 일었다. 그들이 자신의 사랑을, 욕망을, 야심을 헨리 단리 제거로 실현시키고 싶었다면 신중에 신중을 거듭하고 철저하게 전략적이었어야 했다.

그러나 이미 보스웰 백작에게 넋이 나간 메리 스튜어트는 왕으로서 가지고 있던 정치적 수완이나 지혜는 새까맣게 잊어버린 듯했고 보스웰 백작은 추진력과 결단력에서는 남달랐지만 결코 신중한 전략가는 아니었다. 그들의 계획은 허술하고 누가 보더라도 범인을 바로 지목할 수 있을 만큼 뻔했다.

메리 스튜어트는 별거 중이던 헨리 단리를 에딘버러 외곽의 커크 오필드라는 농장으로 끌어들였다. 이곳은 보스웰 백작의 영지 근처였으며 당시 농장의 경비는 보스웰 일당이 서고 있었다.

며칠 후, 헨리 단리가 묵고 있던 이곳에서 폭발이 일어났다. 헨리 단리는 폭발은 피한 듯했으나 집밖 정원에서 목이 졸려 죽은 시체로 발견되었다. 모든 사람들이 보스웰 백작과 그 일당을 범인으로 지목했다.

이 대목에서 메리 스튜어트는 정신을 차렸어야 했다. 모든 사람이 자신의 법적 남편의 살인자라고 지목하고 있는 남자가 아무리 사랑해 마지않는 애인이라 하더라도 자신의 지위와 명예를 위해서 보스웰 백작을 버렸어야 했던 것이다. 그러나 사랑에 빠져 허우적대던 이 어리석은 여왕은 — 그래서 매우 매혹적이지만 — 정치적 상황과 명분을 가볍게 무시하고야 말았다. 그저 남편이라는 장애물이 사라진 것에 너무나 감격한 여왕은 심상치 않은 귀족들의 움직임은 눈치 채지 못한 채 오로지 보스웰 백작과의 결합을 향해 폭주했다.

그 와중에 살인 혐의를 받고 있는 보스웰 백작과 마냥 축복 받는 결혼을 할 수 없다는 사실은 알았는지 이 커플은 또다시 뻔한 연극을 벌였다. 이 연극 또한 보스웰 백작의 아이디어였음이 분명한 것은 그 내용이 너무나 저급하고 명예롭지 못한 것이었기 때문이다. 아무리 사랑에 혼이 나갔다고 할지라도 지존의 자리에 있었던 메리 스튜어트는 이런 치욕적인 생각을 해낼 수 인물은 아니었다. 그 계획은 당시 스코틀랜드 사회에서 강간한 남성이 그 과오가 밝혀질 경우 강간한 여성을 책임져야 한다는 관례를 이용해 두 사람의 결혼을 성사시키려는 것이었다.

보스웰 백작은 왕이 되고 싶어 안달이 난 남자였다. 하루라도 빨리 메리 스튜어트의 법적인 남편이 되어 스코틀랜드의 왕좌에 앉고 싶은 욕망이 너무 강했던 그는 메리 스튜어트의 인격 자체를 완전히 짓밟는 이 연극에 그녀의 동참을 요구했다.

이번에도 그녀에게는 선택의 기회가 있었다. 지금이라도 보스웰 백작의 죄를 고발하고 그를 죽이거나 하다못해 스코틀랜드에서 추방이라도 했어야 했다. 그랬다면 그녀는 여왕의 지위와 헨리 단리가 사라진 후의 홀가분한 자유를 누릴 수 있었을 것이다. 그런데 메리 스튜어트는 너무나 어처구니없게도 보스웰 백작의 굴욕적인 제안에 순순히 동의했다. 보스웰 백작을 향한 그녀의 사랑은 너무나 맹목적이었고 치명적이었다. 당시 메리 스튜어트의 일련의 행동들은 그녀가 과연 제정신이었나 의심이 들 만큼 너무나 파격적이었다.

연극은 이렇게 진행되었다. 사냥을 나갔다 돌아오는 메리 스튜어트 앞을 보스웰 백작의 군대가 막아섰고 그들은 여왕을 납치했다. 이때 메리 스튜어트는 무력충돌을 막겠다며 자신의 신하들을 물리치고 혈혈단신으로 순순히 보스웰 백작을 따라 갔다. 그리고 그녀는 보스웰 백작과 13일을 던바성에 머물렀다. 이 당시를 혹자는 두 사람의 밀월여행이었다고 하고, 혹자는 보스웰 백작이 메리 스튜어트를 감금해두고 오랫동안 강간했다고도 한다. 보스웰 백작과 메리 스튜어트는 이 기간을 세상이 납치의 기간으로 보아주기를 바랐다. 그래야만 남편 살해에 메리 스튜어트가 동참하지 않았고, 관례 때문에 보스웰 백작을 남편으로 받아들일 수 밖에 없으며, 여왕과 결혼한 보스웰은 왕이 되기 때문에 그의 죄를 사면내지는 눈감아 줄 수밖에 없다는 명분이 생기기 때문이었다.

던바 성에서의 시간 이후 메리 스튜어트는 임신을 했다. 그리고 헨리 단리가 죽은 지 3개월 만에 그녀는 서둘러 남편 살해의 용의자 보스웰 백작과 세 번째 결혼식을 올렸다. 이 결혼은 독실한 가톨릭 신자였던 메리 스튜어트가 생각할 수도 없는 프로테스탄트식 결혼식이었으며, 여왕의 결혼식이라고 하기에는 너무나 초라했다.

메리 스튜어트는 그야말로 모든 행동을 보스웰 백작의 뜻에 따라 움직이는 허수아비처럼 그에게 현혹되어 있었다. 보스웰 백작은 그토록 원하던 스코틀랜드의 왕관을 받았다. 그러나 이 결혼으로 메리 스튜어트의 권위는 땅에 떨어졌고 백성들은 여왕의 불륜에 등을 돌렸다. 스코틀랜드의 국왕 메리 스튜어트에게는 절체절명의 위기였다.

이 기회를 모레이 백작이 놓칠 리가 없었다. 모레이 백작을 지지하는 프로테스탄트 귀족들이 메리 스튜어트를 남편을 죽인 부도덕한 여인으로 궁지에 몰기 시작했다. 반란이 일어나고 여왕의 군대는 귀족들의 군대와 곳곳에서 싸워야만 했다. 백성들은 여왕의 편을 들어주지 않았다. 땅에 떨어진 여왕의 명예는 백성들의 충성심을 거둬가 버렸다. 결국 민심을 잃은 메리 스튜어트는 카베리 언덕에서 대치 이후 반란군에 의해 폐위되었다.

메리 스튜어트는 리오반 호수의 군사 요새에 유폐되고 쌍둥이를 유산했다. 반란자들은 여왕에게 양위를 강요했다. 그리하여 헨리 단리와의 사이에서 태어난 당시 한 살이었던 그녀의 아들 제임스가 국왕으로 즉위했다. 반란을 주도했던 모레이 백작이 섭정이 되어 권력을 장악했다.

보스웰 백작은 메리 스튜어트를 내버려 둔 채 국외로 도망을 쳤다. 유럽을 떠돌던 그는 스웨덴에서 과거에 그가 저질렀던 다른 범죄로 체포되었고 10년간 수감되어 있다가 사망했다. 죽기 직전 그는 완전히 미친 상태였다고 한다. 부도덕한 방법으로 왕의 자리를 탐냈던, 역사와 명분을 쉽게 생각하고 여성의 애절한 사랑을 우습게보았던 시대의 풍운아 보스웰 백작은 그렇게 비참한 최후로 자신의 죗값을 치렀다.

한편, 태어날 때부터 은수저를 입에 물고 있던 고귀한 핏줄 메리 스튜어트는 나락으로 떨어진 자신의 처지를 인정할 수 없었다. 모든 것을 잃고 난 후에야 그녀는 정신을 차렸다. 그러나 그녀 곁에는 그토록 온몸을 떨리게 만들었던 사랑도, 당연히 자기 것이었던 왕위도 남아 있지 않았다. 그녀에게는 남편을 죽인 부도덕한 여인이라는 주홍글씨만이 낙인 찍혀 있었다. 메리 스튜어트는 그렇게 자신의 인생을 끝낼 수는 없다고 생각했다. 사랑의 혼몽에서 깨어난 직후 그녀는 잃어버린 왕위라도 찾아야겠다고 결심했다.

그런데 이때 메리 스튜어트는 또다시 실수를 저지르고 말았다. 프로테스탄트 귀족의 손아귀로부터 탈출만 생각했던 성급한 메리 스튜어트는 신중하고 음험한 계획으로도 힘든 복위운동을 위해서 잉글랜드를 망명지로 택했다. 그녀는 잉글랜드의 엘리자베스 1세에게 도움을 요청했다. 자신이 평생을 두고 엘리자베스 1세에게 씻을 수 없는 모욕을 안겨줬다는 사실도 망각한 채 말이다.

죽음과 맞바꾼 잉글랜드의 왕위

메리 스튜어트의 망명 요청은 엘리자베스 1세에게는 뜨거운 감자였다. 친척에다 같은 국왕의 처지인 메리 스튜어트를 방치할 수도 없지만, 한편으론 왕위를 오랫동안 불안하게 한 그녀가 사라지는 것은 기쁜 일이었다. 엘리자베스 1세는 고민 끝에 메리 스튜어트를 받아들인다. 그러나 메리 스튜어트가 갈망하던 스코틀랜드 왕권을 되찾아 주지는 않았다. 적을 품에 안은 채 죽이지도, 살리지도 않는 것. 그것이 엘리자베스 1세의 가장 현명한 대처 방법이었다.

메리 스튜어트는 망명지 잉글랜드에서 '재판'이 아니라 '질의'를 통해 남편 헨리 단리를 죽인 혐의로 유죄를 선고받았다. 재판이 아닌 질의 형식으로 진행된 것은 신성한 왕을 일반 평민과 같은 재판이라는 형식으로 단죄할 수 없다는 엘리자베스 1세의 주장에 의한 것이었다. 그녀 자신도 왕이기에 왕의 권위가 상처 입는 것은 바라지 않았기 때문이었다.

하지만 이 질의는 엄밀히 따지면 명분이 없었다. 스코틀랜드의 여왕이 저지른 죄를 잉글랜드에서 심판한다는 것 자체가 어찌 보면 국권침해 사항이었다. 그러나 당시 메리 스튜어트는 엘리자베스 1세의 덫에 걸려 꼼짝달싹할 수 없었다. 스코틀랜드의 그녀의 적들도 메리 스튜어트 문제를 엘리자베스 1세가 처리해 주는 것에 감사했다. 비록 메리 스튜어트에게 반기를 들었지만 스코틀랜드 귀족들에게도 왕을 심판하는 일은 상당히 불경스럽고 까다로우며 고통스러운 일이었다. 누가 뭐래도 그녀는 스코틀랜드의 통치자였으며 현재도, 비록 아기라 할지라도 현왕 제임스의 어머니였기 때문이다.

그녀의 부끄러운 연애시와 편지들은 필사되어 각국의 왕궁으로 보내졌다. 엘리자베스 1세가 각국에 이 편지들을 보낸 것은 메리 스튜어트의 단죄를 정당화하기 위한 것이었지만, 한편으로는 메리 스튜어트를 우스갯거리로 만들어 유럽에서 가장 인기 높은 왕녀였던 그녀를 모욕하려는 심산도 있었던 것으로 추측된다. 엘리자베스 1세의 이 잔인한 복수는 그녀가 오랫동안 메리 스튜어트를 같은 여성 입장에서 얼마나 부러워했고, 미워했고, 질투했는지를 알게 한다.

엘리자베스 1세는 유죄 판결 후 메리 스튜어트를 다시 스코틀랜드로 돌려보내지 않았다. 법대로 하자면 메리 스튜어트는 스코틀랜드에서 죄값을 치러야 했다. 그러나 엘리자베스 1세는 친척조카를 보호한다는 명목 하에 그녀를 잉글랜드에 붙잡아 두었다. 언제 어떤 일을 일으킬지 모르는 불안한 라이벌을 자기 옆에 두고 감시하는 것이 더 안전하다고 생각했던 것이다.

엘리자베스 1세는 일생동안 단 한 번도 메리 스튜어트를 만나지 않았다. 그저 메리 스튜어트를 여러 성으로 전전하게 하며 감금상태로 내버려두었다. 다만, 그녀를 국빈으로 대우해 연금을 지급하고 수행원들은 고용해 주었다. 이 수행원들은 말이 수행원들이지 그녀의 탈출을 막는 감시자들이었다. 메리 스튜어트는 엘리자베스 1세의 태도에서 심중을 읽었다. 엘리자베스 1세가 살아 있는 한 자신은 절대로 자유를 되찾을 수 없고 왕권도 회복할 수 없다는 사실을 말이다.

메리 스튜어트는 다른 방법을 찾아야만 했다. 그녀는 갇혀 있으면서 겉으로는 존경하는 당고모인 엘리자베스 1세를 위해 뜨개질과 기도로 나날을 보냈다. 그러나 뒤로는 가톨릭 세력과 결탁하여 엘리자베스 1세를 죽이기 위한 계획을 꾸몄다. 스코틀랜드의 왕위는 자신의 아들 제임스에게 물려주었지만 그녀에게는 아직 잉글랜드의 왕위계승권이 남아 있었다. 후사가 없는 엘리자베스 1세 다음 차례는 바로 메리 스튜어트 자신이었다. 엘리자베스 1세만 제거된다면 메리 스튜어트는 스코틀랜드 왕의 어머니이자 잉글랜드의 여왕으로 다시 유럽 무대에 당당히 재등장할 수 있었던 것이다.

그러나 역시 성급하고 부주의한 메리 스튜어트는 모반계획을 번번이 들켰다. 엘리자베스 1세는 못 본 체하며 고귀한 왕의 신분이며 친척인 그녀를 차마 처형하지 못하고 오랜 세월을 질질 끌었다. 잉글랜드의 귀족들은 위험요소인 메리 스튜어트를 죽이라고 했지만 여왕은 결정적인 증거를 내놓으라고 버텼다.

메리 스튜어트에 대한 엘리자베스 1세의 감정은 애증 같은 것이었다. 미워하지만, 차마 죽일 수 없는 라이벌에 대한 마음 같은 것이었다. 엘리자베스 1세는 메리 스튜어트를 살리고 싶었기 때문에 그녀가 잉글랜드 왕위계승권을 포기해 주기를 바랐다.

메리 스튜어트가 왕위계승권을 포기했다면 그녀는 즉시로 감금에서 풀려나 스코틀랜드로 돌아갈 수 있었을 것이다. 그녀가 권력에 대한 의지만 접는다면 스코틀랜드 왕의 어머니로서 편안한 여생을 보낼 수도 있었을 것이다. 그러나 메리 스튜어트는 고집스럽게도 버텼다.

엘리자베스 1세는 안타까운 마음이었지만 그 어떤 결정도 내리지 못한 채 5촌 조카의 불행한 삶을 방치했다. 메리 스튜어트와 엘리자베스 1

세의 팽팽한 신경전은 둘 중에 한 명이 죽지 않는 한 영원히 끝이 날 것 같아 보이지 않았다. 나이가 많은 엘리자베스 1세가 먼저 죽는다면 이 신경전은 메리 스튜어트의 승리로 끝날 판이었다.

엘리자베스 1세를 설득하기 위해 충복 월싱엄이 나섰다. 그는 함정을 팠다. 젊고 열렬한 가톨릭 신자였던 바빙턴이 계획한 반란의 조짐을 알고 있으면서도 메리 스튜어트가 걸려들기만을 기다렸다. 예상대로 메리 스튜어트는 함정에 빠졌다. 그녀는 반란을 열렬히 지지했으며 자세한 지시를 내리기까지 했다.

국교회 옹호자인 엘리자베스 1세 사후 남은 잉글랜드 왕위 계승권은 엄연히 메리 스튜어트의 것이었다. 그러나 국교회 귀족들은 메리 스튜어트의 등극으로 다시 한 번 잉글랜드에 종교로 인한 피바람이 몰아치는 것을 원치 않았다. 엘리자베스 1세가 죽기 전에 메리 스튜어트가 먼저 죽어야만 했다. 망설이는 엘리자베스 1세에게 귀족들은 증거를 들이대며 다그쳤고, 결국 엘리자베스 1세는 메리 스튜어트의 사형 집행에 사인을 하고 말았다.

메리 스튜어트는 유폐된 지 19년만인 1587년 2월 7일 참수형을 당했다. 죽음의 순간 그녀는 가톨릭을 상징하는 빨간색 드레스를 입었다고 한다. 메리 스튜어트의 아들 제임스는 어머니의 목숨과 바꾼 왕위계승권을 이어받아 엘리자베스 1세가 죽은 후 잉글랜드와 스코틀랜드의 왕

감금된 메리 스튜어트

메리는 1587년 44세의 나이로 피터버러 근처에 있는 포더링헤이 성의
넓은 방에서 처형당했다. 살벌한 처형장면은 오히려 메리가 죽음에 임
박해서 보여준 위엄 있는 자태에 가려졌다고 한다. 사랑하는 남성을
모두 자신의 것으로 만들었지만, 안타깝게도 그녀의 사랑은 잘못된 선
택으로 역사에 남았다.

이 되었다. 그가 바로 영국의 제임스 1세이다(그는 스코틀랜드에서는 제임스 6세로 불리기도 한다).

16세기 영국은 엘리자베스 1세와 메리 스튜어트 두 여자가 만들었다고 해도 과언이 아니다. 엘리자베스 1세는 메리 스튜어트라는 강력한 라이벌이 있었기에 신중에 신중을 더해 자신의 통치권을 더욱 공고히 하고 성군이 될 수 있었다.

한편 메리 스튜어트는 절대왕정의 왕족답게 성급하고 오만하게 앞뒤를 가리지 않고 제멋대로 사랑하고 제멋대로 살다 갔다. 그러나 왕족이었던 그녀가 결코 잊어버리지 않은 것이 하나 있었다. 그것은 죽을 때까지도 자신이 '신성한 피'라는 사실이었다. 이러한 오만한 자의식이 있었기에 죽음의 칼이 목에 들어오는 순간까지도 메리 스튜어트는 자신의 왕위 계승권을 저버리지 않았다. 그것이 결국 아들에게 이어져 제임스 1세가 잉글랜드와 스코틀랜드를 통합하게 되었다. 불꽃같은 삶을 살고 그 불꽃에 스스로를 태워버린 여인, 메리 스튜어트는 그런 여인이었다.

집착을 버려라

바람과 함께 사라진 욕망이라는 이름의 전차

비비안 리 · 로렌스 올리비에

"로렌스 올리비에가 없는 긴 생을 사느니 그와 함께 하는 짧은 생을 택하겠어요. 그가 없으면, 사랑도 없으니까요."

비비안 리는 말년에 로렌스 올리비에가 이미 그녀의 곁을 떠난 후에도 어느 인터뷰에서 이렇게 말했다.
비비안 리에게 로렌스 올리비에는 영원한 동경이었고 자신을 녹일 만큼 뜨거운 사랑이었으며 끝내
놓쳐버린 욕망과도 같은 존재였다.
사랑이 너무 지나치면 집착이 된다. 집착은 자신과 사랑하는 사람을 피폐하게 만들어간다.
비비안 리와 로렌스 올리비에의 사랑은 비비안 리의 집착과 그녀의 뜨거운 격정을
견뎌내지 못한 로렌스 올리비에의 도피로 그렇게 슬프게 끝나고 말았다.

바람과 함께 사라진
욕망이라는 이름의 전차

영화 〈바람과 함께 사라지다〉의 여주인공 스칼렛 오하라로 영원히 기억되는 비비안 리(Vivien Leigh, 1913~1967). 그녀는 마치 영화 속 캐릭터 스칼렛 오하라처럼 삶과 사랑에 대한 열정으로 스스로를 태워버린 여인이었다.

그녀의 사랑을 한 몸에 받았던 남자, 로렌스 올리비에(Laurence Olivier, 1907~1989)는 그녀의 광기에 가까운 정열을 한때는 사랑했고 또 이해하였지만 영원히 이를 받아 줄 수는 없었다. 로렌스 올리비에를 향한 비비안 리의 사랑은 너무나 격렬하고 뜨거웠다. 그러나 그 사랑은 스스로의 불같은 성정을 다스리지 못한 비비안 리의 욕망 속에서 허무하게 스러져갔다.

신사답고 정돈된 삶을 원했던 로렌스 올리비에에게 비비안 리가 가진 모든 것을 불살라 버릴 만큼의 강한 에너지와 요령 없는 사랑은 부담이었다. 만남부터 결혼으로 그리고 마침내는 비극적 결별까지 비비안 리는 집착에 가까울 만큼 로렌스 올리비에의 전부를 원했고 그를 시험에 들게 했다. 열정으로 시작한 사랑이 삶 속에서 조용히 침잠하며 변해가는 것을 견디지 못했던 비비안 리는 로렌스 올리비에에게 끝없이 사랑을 확인받으려 했고 그 사랑이 이제는 더 이상 뜨겁지 않다는 것을 깨달았을 때 광기에 휩싸여갔다. 비비안 리는 마치 영화 〈욕망이라는 이름의 전차〉에서 그녀가 연기했던 주인공 블랑쉬와도 같았다.

그런 비비안 리 곁에서 로렌스 올리비에는 점차로 지쳐갔다. 안정적이며 조용한 삶을 추구했던 로렌스 올리비에에게 비비안 리가 끊임없이 요구한 사랑의 방식은 고통이었다. 매일을 흥분과 몰입 속에서 서로를 갈구하고 사랑을 확신하려 했던 비비안 리와 안온하고 기댈 수 있는 가정을 원했던 로렌스 올리비에의 너무나 다른 사랑은 결국 비극적으로 끝나고 말았다.

격정적 숙녀와 영원한 청년의 만남

비비안 리는 영국의 부유한 부모 사이에서 태어났다. 그녀의 처녀적 이름은 비비안 메리 하틀리이다. 출생지는 차의 명산지로 유명한 인도의 다즐링인데, 그녀가 태어날 당시 아버지 어니스트 리차드 하틀리가 영국 중개회사의 인도 캘커타 사무소에 근무했기 때문이었다. 그녀의 어머니 거트루트는 독실한 가톨릭 신자로 비비안이 7살이 되자 영국으로 보내 상류층 여자아이들의 교육기관인 로햄프턴에 있는 가톨릭계 여학교에 입학시켰다.

비비안은 어렸을 때부터 독특하고 주목받는 아이였다. 그녀는 학교에서 가장 나이 어린 소녀였지만 타고난 미모에 인도에서 왔다는 이국적인 매력까지 더해 학생들 사이에서 인기가 높았다. 그녀는 학과 공부 외에 음악과 무용을 배웠으며 연극 활동에도 참여하였다. 사춘기에는 부모와 4년간 유럽을 여행하며 각국의 문화와 외국어를 습득해 불어와 독어, 이태리어에 능통한 아가씨로 자랐다. 이때 얻은 외국어 실력은 훗날 그녀의 영화가 유럽에 수출되었을 때 대사를 각국의 말로 직접 더빙할 수 있게 했다.

평소 비비안의 성정은 불같고 드라마틱했다. 그녀는 가지고 싶은 것은 반드시 가지고야마는 당돌하고 도도한 소녀였다. 비비안이 자신의 앞날을 선택할 시점에 도달했을 때 그녀는 누군가의 아내로 시시하고 평범하게 주저앉을 생각은 눈꼽만큼도 없었다. 그녀는 보다 강렬하고 좀 더 자극적인 그 무언가를 원했고, 그런 그녀에게는 화려한 스포트라이트를 받을 수 있는 직업이 알맞았다. 그래서 택한 것이 배우의 길이었다. 그녀는 본격적인 배우 수업을 위해 18살 무렵부터 런던왕립연기학교(RADA)에서 공부하기 시작했다.

훗날, 비비안 리는 자신이 배우라는 직업을 선택한 것은 '옷을 좋아하고, 옷 입는 것을 좋아하기 때문이었을 것'이라고 말했다. 처녀시절 비비안은 자신의 빛나는 아름다움을 마음껏 드러내고 또 많은 사람들의 숭배를 거리낌 없이 즐기는 당당함과 발랄함, 거침없는 용기를 가진 아가씨였다.

비비안의 첫 번째 결혼은 이 거침없고 자신만만한 아가씨의 성격을 여지없이 드러내주고 있다. 비비안은 아버지 친구의 딸이 사귀던 남자, 허버트 리 홀만을 어느 파티에서 만났고 첫눈에 그에게 반했다. 허버트 리 홀만은 그녀보다 13세 연상의 변호사였고 다른 아가씨와 연애 중이었기 때문에 비비안에게 다가오지 못했다. 그러나 비비안은 달랐다. 허버트가 다른 여자와 사귀는 것은 그녀에게는 아무런 문제가 아니었다. 그녀는 친구들에게 허버트와 결혼할 것이라고 선언했으며 그를 자기 사람으로 만드는 일에 열중했다. 비비안의 노력 때문인지 허버트도 비비안을 다시 바라보았고 그 즈음 사귀던 아가씨에게 청혼을 거절당한 허버트는 비비안의 구애를 쉽게 받아들였다. 그리고 둘은 사귄 지 얼마 되지 않아 결혼식을 올렸다.

허버트는 마치 〈바람과 함께 사라지다〉에서 스칼렛 오하라가 짝사랑한 애슐리처럼 신사답지만 지루한 남자였다. 그는 그녀가 연기에 흠뻑 빠져 있으며, 변호사의 평범한 아내로 인생을 끝내고 싶어 하지 않는다는 사실을 이해하지 못했다. 신혼 초 허버트는 비비안이 연기학교에 나가는 것을 반대했지만, 욕망 앞에 솔직했던 비비안의 설득으로 배우수

미소가 아름다운 비비안 리

차밭으로 유명한 인도 웨스트 벵갈 다르질링에서 출생하였다.
본명은 비비안 메리 하틀리(Vivian Mary Hartley)이다. 파리 꼬
메디 프랑세즈에서 연극을 배우고 런던 왕립연극학교에서 연
기공부를 할 때부터 눈에 띠는 소녀였다. 1934년 여학생 역
으로 영화에 출연한 것을 시작으로 여러 무대와 영국과 미국
영화에 출연하였다. 대표적 연극무대는 엘시노어에서 공연한
《오필리아》가 대표적이다. 그녀는 영화, 《바람과 함께 사라지
다》에서 여주인공 스칼렛 오하라 역의 성공으로 세계적인 배
우가 되었으며 아카데미 여우주연상을 수상했다. 《욕망이라
는 이름의 전차》로 두번째 아카데미 여우주연상을 받았다.

업은 들을 수 있도록 허락했다. 그는 배우가 되겠다는 비비안의 결심을 한때 지나가는 바람일 뿐이라고 여겼다. 그러나 그것은 허버트의 오판이었다.

결혼 후 얼마 지나지 않아 임신을 하게 된 비비안은 임신과 출산, 육아를 무척이나 부담스러워 했다. 당시 20세였던 어린 엄마 비비안은 모성을 아직 깨닫지 못했다. 그녀에게 딸아이 수잔은 꿈을 향해 날아가고 싶은 자신의 발목을 잡는 족쇄로 느껴졌다. 부유한 변호사의 정숙한 아내, 또 귀여운 딸의 엄마라는 자리는 비비안의 성격과는 어울리지 않았다. 그녀는 곧 결혼생활과 엄마라는 자리에 싫증을 느끼기 시작했고 자신의 욕망을 만족시켜줄 다른 길을 찾기 시작했다. 그것이 바로 연기였다.

이즈음 비비안은 좀 더 배우다운 이름을 갖고 싶어 자신의 이름 비비안(Vivian) 중에서 a를 e로 고친 비비안(Vivien)에 남편 허버트의 가운데 성 리(Leigh)를 딴 비비안 리라는 예명을 지었다.

연극의 단역, 사진모델 등 작은 일을 맡으면서 비비안 리는 연극계를 맴돌았다. 아름다운 미모와 어떤 일이든 한번 시작하면 혼신의 힘을 다하는 열정 덕에 그녀는 조금씩 성장해갔다. 그러던 중 그녀는 연기 외에 자신의 인생을 송두리째 던져버릴 수 있는 대상을 발견했다. 그것은 당시 영국 연극계의 프린스, 로렌스 올리비에였다.

로렌스 올리비에는 고전적 미남형에 풍부한 교양을 갖춘, 무엇보다도 연극무대에서 가장 빛나는 배우였다. 그가 무대 위에서 발산하는 매력과 에너지는 관객들, 특히 여성관객들을 숨 막히게 했다. 비비안 리는 무대 위의 남자 로렌스 올리비에에게 흠뻑 빠져들었다. 그리고 반드시 그를 가지고야 말겠다고 결심했다. 이미 그녀 자신이 한 남자의 아내이자 한 아이의 엄마라는 사실은 안중에도 없었다. 비비안 리는 무대 위의 로렌스 올리비에에게서 배우로서의 재능과 에너지, 그가 맡은 배역에 불어넣는 열정을 보았고 이를 동경했다. 그리고 그가 가진 귀족적인 외모와 육체적 매력에 빠져들었다.

로렌스 올리비에는 영국 신사의 풍모를 갖춘 사람이었다. 옥스퍼드에서 공부했으며, 신사다운 매너와 마음을 가진 영원한 청년과 같은 인물이었다. 당시 로렌스 올리비에는 당대 가장 유명한 여배우 질 에스몬드와 막 결혼을 한 상태였다. 그의 결혼생활은 비교적 평탄하고 순조로워 보였다. 비비안 리를 만나기 전까지는 말이다.

비비안 리와 로렌스 올리비에는 사보이 호텔 레스토랑에서 처음 만났다. 만남 당시 로렌스 올리비에는 우연이라고 생각했지만, 실은 이 만남은 비비안의 의도적인 접근이었다.

비비안 리를 처음 봤을 때의 심정을 로렌스 올리비에는 훗날 이렇게 회고했다.

비비안의 남자 로렌스 올리비에

영국의 배우 · 연출가 · 프로듀서. 세익스피어 희곡을 중점적으로 상연하는 런던의
올드빅극단에 들어가 비극의 주역으로 세익스피어 극의 명배우 위치를 굳혔다. 영
화계와 현대극에서도 다채로운 재능을 발휘했다. 영화로는 《폭풍의 언덕 Wuthering
Heights》, 《레베카 Rebecca》 등에서 호평을 받았다.

"비비안은 상상을 초월하는 아름다움의 소유자이자, 내가 한 번도 접해보지 못한 당황스러울 정도의 매력을 가진 여배우이다."

그때 로렌스 올리비에는 임신한 아내 질 에스몬드와 동행하고 있었다. 질 에스몬드는 뛰어난 여배우였지만 연극배우로서의 화려한 미래보다는 로렌스 올리비에의 아내 자리를 선택했던 여인이었다.

질 에스몬드가 곁에 있었음에도 비비안 리는 로렌스 올리비에게 대담하게 다가갔고 그에게 강렬한 인상을 남겼다. 이 만남 이후 두 사람은 각자 배우자를 두고서도 위험한 사랑에 빠져들고 말았다. 이미 허버트 리 홀만에게 마음이 떠나 있었던 비비안 리보다 임신한 아내를 둔 로렌스 올리비에의 양심의 가책은 이루 말할 수 없었겠지만, 그런 양심의 가책을 덮어둘 만큼 비비안 리는 로렌스 올리비에게 치명적인 매혹이었고 격정적 사랑이었다.

비비안에게 있어서도 로렌스는 특별한 남자였다. 그는 배우로서 무한한 존경의 대상이었고 남성으로서 평생 동안 그녀의 눈을 멀게 한 남자였다. 비비안은 로렌스에게 걸맞은 훌륭한 여배우가 되기 위해 노력했으며 로렌스가 주는 자극과 가르침을 스펀지처럼 빨아들였다.

히스클리프와 스칼렛 오하라의 결합

로렌스와 비비안은 〈영국의 불길〉이라는 영화를 함께 찍으면서 사랑을 키우고, 덴마크로 연극 〈햄릿〉 공연을 다녀온 후 서로의 사랑을 완전히 확신했다.

그러나 두 사람의 공식적 결합은 생각만큼 쉽지 않았다. 비비안 리의 남편 허버트 리 홀만은 둘 사이에 딸아이가 있었음에도 불구하고 비교적 이혼에 쉽게 동의해 주었다. 그리고 그는 비비안 리 평생에 걸쳐 친구가 되어 주었다. 하지만 그녀의 딸 수잔은 어린 시절 자신을 버리고 떠난 엄마 비비안 리를 끝내 용서하지 않았다고 한다.

한편, 로렌스의 아내 질 에스몬드는 쉽게 물러나려 하지 않았다. 얼마 전 로렌스의 아들을 출산한 질은 비비안에게 로렌스와 헤어지라고 요구하기 위해 덴마크에서 돌아온 비비안의 집을 방문했다. 그러나 이 만남 이후 질은 그들의 사랑을 인정하고야 말았다. 질 앞에서 보여준 비비안의 태도는 당당함과 우아함 그 자체였다. 질도 그녀의 매력 앞에 무릎을 꿇을 수밖에 없었던 것이다.

이즈음 영국 연극무대에서 성공한 로렌스는 영화산업이 꽃피기 시작한 미국의 할리우드로 가서 영화를 찍을 예정이었다. 영화 〈폭풍의 언덕〉의 주인공 히스클리프 역을 제안받은 것이다. 쉽게 결론나지 않는 이

함께 공연한 비비안과 로렌스

만남에서 사랑, 결혼, 이혼 그리고 죽음까지 드라마틱한 삶을 살았다. '세기적 결합'
으로 불리던 이들의 결혼은 결국 마침표를 찍고 말았지만 죽는 순간까지 가슴 속에
는 서로에 대한 애정이 살아 숨쉬고 있었다.

혼의 지루한 법률적 과정은 변호사들에게 맡기고 로렌스와 비비안는 대서양을 건너 미국으로 갔다. 이때 비비안 리는 〈폭풍의 언덕〉에서 여주인공 캐시가 아니라 조연급의 역할을 제안 받았다. 비비안 리는 조연 역할을 거절했다.

그녀가 로렌스를 따라 미국에 간 데에는 그와의 열정적인 사랑도 이유였지만 다른 한편에서는 모종의 계획이 있었다. 그녀는 당시 세계적인 베스트셀러가 된 마가렛 미첼의 소설 〈바람과 함께 사라지다〉가 영화로 제작될 예정이라는 정보를 영국에서부터 알고 있었다. 소설을 읽은 비비안 리는 소설 속 여주인공 스칼렛 오하라는 바로 자신이라고 느꼈다. 그리고 그 스칼렛 오하라의 역을 따기 위해 용의주도하게 물밑 작업을 시작했다.

운이 좋았던 것은 로렌스 올리비에의 미국측 에이전시의 대표가 영화 〈바람과 함께 사라지다〉의 제작자 데이비드 셀즈닉의 형 마이론 셀즈닉이었다는 사실이다. 로렌스를 통해 비비안을 만난 마이론은 그 순간에 그녀가 동생이 그토록 찾아 헤매던 '스칼렛 오하라'라고 생각했다. 그는 그 즉시 동생에게 연락을 취했다.

사실 데이비드 셀즈닉은 영국의 그다지 유명하지 않은 여배우 비비안 리에게 관심이 없었다고 한다. 소설의 인기만큼 여주인공 역할에 대한 경쟁률은 높았고 할리우드 여배우 중 스칼렛 오하라 역에 욕심이 없는 사람이 없었다. 셀즈닉 입장에서는 누구든 캐스팅만 하면 되는 상황이었지만 정작 그 많은 여배우들 가운데 딱 '스칼렛 오하라다!'라고 할 만큼 마음에 쏙 드는 사람도 없었다. 공개적인 오디션과 비공개적 캐스팅 작업을 거듭했지만 여주인공 역할을 결정하지 못하고 있던 어느 날, 그의 형 마이론 셀즈닉이 비비안 리와 함께 그를 만나러 왔다. 비비안 리를 본 순간을 훗날 데이비드 셀즈닉은 이렇게 회상했다.

"마이론이 나를 그녀에게 소개할 때, 그녀의 얼굴에는 불꽃이 일고 있었다. 마이론은 내게 "스칼렛 오하라를 만나봐." 라고 말했다. 나는 한눈에 그녀가 맞다고, 적어도 그녀의 외모만큼은 내가 생각하는 스칼렛 오하라와 완벽히 일치한다고 생각했다."

데이비드 셀즈닉은 그녀의 불타는 눈동자와 그 속에 깃든 불같은 성정이 스칼렛 오하라와 똑같다고 생각했던 것이다. 캐스팅은 일사천리로 이루어졌고, 비비안은 〈바람과 함께 사라지다〉에서 영원히 잊혀지지 않을 스칼렛 오하라를 소화해냈다.

비비안의 혼신을 다한 연기 덕택에 영화는 세계적으로 크나큰 성공을 거두었고 불멸의 영화가 되었다. 그와 더불어 비비안 리는 로렌스 올리비에와 마찬가지로 세계적인 배우로 올라섰다.

이후 비비안은 영화 〈애수〉 등에 출연하며 사랑과 성공을 동시에 거머쥐게 되었다. 이즈음 두 사람의 첫 번째 결혼도 마침내 법적으로 정리되었다. 로렌스와 비비안은 영국으로 돌아가지 않고 미국 산타 바바라에서 결혼식을 올리고 한동안 미국에 머물렀다. 로렌스와 비비안은 누구나 부러워하는 선남선녀의 결혼생활을 하는 듯이 보였다. 이 시기가 비비안 리의 인생에서는 가장 빛나는 시기였다.

사랑과 연기에 던져버린 몸과 마음

결혼 직후 비비안과 로렌스는 영화와 연극계에서 의욕적으로 활동했다. 비비안은 로렌스가 주연이 된 연극에 상대 여주인공역을 맡았고 그가 제작하거나 연출하는 연극의 여주인공이 되었다. 그리고 할리우드에서 로렌스와 함께 영화를 찍었다. 비비안의 불같은 성정은 일과 사랑 속에서 아름답게 타올랐다.

그러나 모든 것이 다 잘 되어가고 있는 것처럼 보였지만, 정작 이들의 행복을 파괴하는 요소는 비비안 리 내부에서 자라고 있었다. 비비안과 로렌스의 20년 결혼생활은 초창기 몇 년을 제외하고는 그다지 행복하지 못했다. 완벽할 것만 같았던 이 결혼생활에 균열이 생기기 시작한

연극과 영화를 사랑했던 비비안 리

비비안은 로렌스만큼이나 연극과 영화를 사랑했다. 몸이 약한 데도 매번 혼신을 다해 촬영을 다했기 때문에 그녀는 점점 더 심한 병세에 시달렸다. 1945년에는 영화 '시저와 클레오파트라'를 촬영하던 중 넘어져 유산을 했고 우울증에 빠졌다. 하지만 그녀는 몸이 망가지는 와중에도 연기에 대한 열정을 멈추지 않았다.

것은 비비안의 건강악화와 그에 따른 조울증이라는 정신적 불안 때문이었다.

그녀는 로렌스와 영화 〈클레오파트라와 시저〉를 촬영하던 중 너무나 무리한 탓에 아이를 유산하고 폐결핵을 얻었다. 병이 악화되자 비비안은 로렌스가 자기를 떠나지 않을까 하는 막연한 불안감에 시달리게 된다. 이것이 신경쇠약과 조울증 증세를 불러왔다.

조울증은 로렌스에 대한 집착으로 변해 비비안은 그를 끝도 없이 괴롭혔다. 정신이 불안정한 날에는 로렌스를 붙잡고 끊임없는 독설과 욕설을 퍼부으며 그의 사랑을 의심하고 확신을 요구했다. 입고 있는 옷을 찢기도 하고, 때로는 로렌스의 사랑을 확인하기 위해 다른 남자의 품에 안기기도 했다. 허약한 몸과 불안정한 정신에다, 로렌스에게 버림받을까 하는 두려움이 그녀의 병을 더욱 악화시켰다.

한때 로렌스는 비비안을 간호하고 치료하기 위해 그의 연기생활을 접기도 했다. 이 부부는 4년간의 모든 연기생활을 접고 공백 기간을 가지며 둘만의 시간을 보냈다. 그러나 비비안의 집착은 쉽게 잦아들지 않았다. 지나친 것은 모자란 것보다 못하다고 했던가. 비비안의 지나친 사랑은 로렌스에게는 너무나 큰 짐이 되었다.

두 사람 사이에 있었던 모든 불행에 용서를

비비안의 정신적 고통은 로렌스와 일에 대한 끝없는 욕망 때문이었다. 로렌스의 지극한 간호로 어느 정도 회복한 비비안은 무리를 하면서 영화 〈욕망이라는 이름의 전차〉에 블랑쉬역으로 출연한다. 끝없는 욕망에 시달리며 자신을 파멸시키는 여인 블랑쉬. 영화에서 비비안 리는 블랑쉬 그 자체였고, 블랑쉬는 바로 비비안 리 그 자신이기도 했다. 이 영화로 다시 여배우로서 정상을 회복한 비비안은 더 많은 작품을 하려는 욕심을 부리다가 끝내 병이 도지고 만다. 그리고 다시 로렌스에게 집착하는 생활이 반복되려 하였다. 그러나 이번에는 로렌스가 비비안을 받아주지 않았다.

로렌스는 정신적 불안과 육체의 고통으로 힘들어하는 비비안을 너무나 벅차했다. 그에게는 이미 그녀를 인내하고 사랑할 힘도 기력도 남아 있지 않았다. 로렌스는 비비안의 격정적인 사랑을 100% 받아들일 수 있는 강한 사람은 못되었다. 그는 편안하고 안정적인 관계를 원했고 그 속에서 행복을 찾고 싶었다. 비비안은 로렌스와의 사랑에 자기 자신을 내던졌지만 로렌스는 그렇지 못했다. 그는 비비안보다는 자신이 먼저였다.

더 이상 비비안에게 휘둘리고 싶지 않았던 로렌스는 다른 사랑을 찾아냈다. 연극무대에서 상대역으로 연기했던 30살 연하의 조안 플로우라이트와 사랑에 빠져 버리고 만 것이다. 이 사랑은 비비안과의 사랑과는 다른 성질의 것이었다. 폭발적인 매력과 격렬한 감정은 없었지만, 그 대신 평온하고 잔잔한 행복을 가져다주었다.

비비안은 남편 로렌스와 조안 플로우라이트의 공연을 보다가 로렌스의 변심을 깨달았다. 자신을 바라보던 사랑의 눈길이 이미 다른 여자에게 가 있다는 사실을 알아버린 것이다. 우려했던 일이 일어난 데 대한 혼란과 로렌스에 대한 배신감은 그녀의 건강을 더욱 악화시켰다.

로렌스는 이미 악몽이 되어버린 결혼 생활에서 자신을 놓아 달라고 비비안에게 애원했다. 더 이상 남편의 사랑이 남아 있지 않다는 것을 확인한 비비안은 결국 이혼에 동의한다. 비비안은 그토록 동경하며 욕망하고 사랑하였던 존재를 주체할 수 없는 집착과 광기 때문에 놓쳐버리고 만 것이다. 로렌스는 그 후 조안 플로우라이트와 재혼했다.

비비안은 로렌스 올리비에가 떠난 후 쓸쓸히 살았다. 친구처럼 애인처럼 함께한 노배우 잭 마리발이 그녀의 곁을 지켰지만 비비안에게 영원한 사랑은 단 한 사람 로렌스 올리비에뿐이었다.

이혼 후 비비안은 간간히 활동하였지만 거의 칩거와 다름없이 살았다. 그녀의 폐결핵은 나날이 심각해졌다. 그러나 로렌스 올리비에를 떠나보낸 그녀의 마음에는 삶에 대한 그 어떤 미련도 남아 있지 않았다. 격

노년의 비비안 리

'죽는 날까지 비비안은 남편이 자기에게 돌아올 거라는 믿음을 버리지 못한 것 같습니다." 말년의 비비안을 잘 알고 있는 한 친구의 말이다. 이혼 후 스크린에 다시 컴백한 그녀는 '스톤 부인의 로만 스프링'과 '바보들의 배'의 주연을 맡아 시선을 끌었고, 브로드웨이 연극 '동지'에서는 뛰어난 연기로 토니 상까지 손에 넣었다. 그러나 그녀는 조울증에서 벗어날 수 없었고, 1967년에는 결핵까지 재발했다. 결국 비비안 리는 그 해 7월 7일 밤, 세상을 떠났다.

정과 광기도 사라져갔다. 그리고 마침내 비비안 리는 런던의 이튼 스퀘어 있는 자신의 집에서 폐결핵으로 인한 질식으로 54세를 일기로 사망했다. 그녀는 마지막 순간에도 로렌스 올리비에의 사진을 손에 쥐고 있었다고 한다.

비비안 리의 시신을 뒤늦게 발견한 잭 마리벨은 로렌스 올리비에게 그녀의 죽음을 알렸다. 당시 암 치료차 병원에 있던 로렌스 올리비에는 비비안 리의 부음을 듣자마자 그녀의 집으로 향했다. 그는 비비안 리의 집으로 가는 내내

'불쌍한 불쌍한 비비안.'

이라고 되뇌었다고 한다.

그리고 시신으로 누운 비비안 리와 그녀의 방에서 둘만이 남았을 때를 훗날 이렇게 회상했다.

"나는 그 자리에 선 채로 그녀와 나 우리 둘 사이에 있었던 모든 불행에 대해 용서를 빌었습니다. 그녀는 '무덤에 갈 때까지 나를 사랑할 것'이라고 말했습니다."

210

그녀의 격렬하고 지독한 사랑을 끝내 지켜주지 못하고 떠나야만 했던 자신의 이기심과 나약함에 대한 로렌스 올리비에의 참회와도 같은 고백이다.

사랑 앞에서는 두려움이 없었고 연기 앞에서는 그 누구보다 열정적이었던 여인 비비안 리와 그 누구보다 신사적이며 모범적인 남성상이었던 로렌스 올리비에의 세기의 로맨스는 집착과 광기, 이기심과 나약함이라는 산을 넘지 못하고 이렇게 쓸쓸히 종말을 맞았다. 비비안 리의 장례식에는 생전 그녀의 세 남자, 허버트 리 홀만과 로렌스 올리비에, 잭 마리발이 모두 참석했다고 한다.

8장

과감히 떠나거나 끝까지 곁에 남아라

세기의 결혼, 세기의 스캔들

다이애나 비 · 카밀라 파커볼스 · 찰스 왕세자

사랑을 갈구했지만 끝내 마음을 열어 주지 않은 남자와 과감히 결별하고, 왕세자비라는 지위도 미련 없이 버린
용기 있는 여인. 정부라는 어두운 자리에서 머물면서 세상의 모욕을 그대로 감내하고도 한 남자의
곁을 40여 년 간 지킨 인내의 여인. 그리고 그런 강한 개성의 여인들 사이를 오가며 두 여인
모두를 불행하게 했던 우유부단한 한 남자. 그들은 영국 왕실의 다이애나 비와 카밀라 파커볼스
그리고 찰스 왕세자였다.
세기의 결혼에 이어 세기의 스캔들을 만든 이들의 삼각관계는 다이애나 비의 죽음, 카밀라 파커볼스와
찰스 왕세자의 결혼으로 일단락되었다. 그러나 사랑과 명예 앞에서 다이애나 비와 카밀라 파커볼스,
두 여인이 보여준 극명한 대비는 누구의 잘잘못을 떠나 그들의 선택에 대해 많은 생각을 하게 한다.
눈부시게 밝은 곳에서 세상 여자들이 모두 부러워하는 영국왕실의 왕세자비로 살았지만 하나도
행복하지 않았기 때문에 과감히 자리를 박차고 나온 다이애나 비와 가장 밝은 곳에 노출된
영국왕세자 찰스와 비밀스러운 사랑을 나눈 탓에 30년이 넘는 세월을 음지에서 살았던
카밀라 파커볼스. 어떤 삶의 길을 택했던 후회도 미련도 없었던
두 사람은 모두 사랑 앞에 가장 당당하고
솔직했던 여인들이었다.

화려한 결혼식의 왕자와 공주
그리고 숨은 정부

1981년 7월 영국의 세인트 폴 성당 앞, 한여름의 무더위도 잊은 사람들이 끝도 보이지 않을 만큼 모여 있었다. 그들은 이제 곧 시작될 20세기의 동화를 기다렸다. 동화의 히로인은 자락이 7m나 되는 아이보리색 실크 웨딩드레스를 입고 마차에서 수줍게 내려섰다. 그녀는 젊고 청순하고 아름다웠다.

군중들은 현실에 나타난 동화 속 주인공을 향해 환호성을 질렀다. 아버지 스펜서 백작의 팔짱을 낀 레이디 다이애나(Spencer Diana, 1961~1997)는 이제 남편이 될 영국의 왕위계승 서열 1위인 찰스 왕세자(Prince Charles of Wales, 1948~)를 향해 천천히 걸어갔다. 성당 앞에 모인 수많은 사람들도, 결혼식을 생중계로 지켜보던 전 세계 7억의 사람들도 모두 찰스 왕세자 부부가 동화의 마지막처럼 '오래오래 행복하게' 살 것을 믿어 의심치 않았다. 그러나 삶은 동화가 아니었다. 이 결혼식은 세상에서 가장 고귀한 신분인 두 사람의 가장 비극적이고 불행한 결혼의 시작이었다.

그리고 또 한 사람, 그들의 결혼식을 눈물로 지켜보아야 했던 한 여인이 있었다. 그녀는 찰스 왕세자의 오랜 연인이었던 카밀라 파커볼스

다이애나와 찰스 왕세자의 결혼식

1981년 7월 29일 32세의 찰스황태자와 20세의 어린신부 다이애나의 결혼을 축하하기 위해 런던거리에는 60만 명이 운집했고 결혼식장인 세인트 폴 성당에는 20개국 국가 원수급을 포함한 귀빈 3600명이 참석했다. 결혼식은 세계 50여 개국에 방송되었다.

(Camilla, duchess of cornwall, 1947년~)였다. 그녀는 찰스 왕세자가 결혼하기 직전까지 그의 애인이었으며 그가 결혼하는 그 순간에도 그에 대한 사랑을 멈출 수가 없었다. 자기보다 13살이나 어린 여자를 아내로 맞아들이는 애인에 대한 미움보다는 그에 대한 사랑과 그리움이 더 컸던 카밀라는 찰스 왕세자의 결혼을 배신이라고 생각하지 않았다. 이 결혼은 왕세자라는 지위 때문에 벌이는 해프닝의 하나라고 생각했으며 자신과 찰스 왕세자의 사랑은 변하지 않았다고 굳게 믿었다. 카밀라는 이제 막 왕세자비가 된 다이애나 비를 찰스 왕세자와 자신의 사랑을 가려 줄 방패막이일 뿐이라고 생각했다. 그녀는 결혼한 왕세자 곁에 그대로 머물 생각이었고 또 실제로도 그러했다.

찰스 왕세자는 다이애나 비와 결혼식을 올렸지만 카밀라와의 사랑을 저버리지 못했다. 왕자와 공주의 행복해야만 할 결혼식은 이렇게 서로 다른 입장을 가진 세 사람의 동상이몽 파티였다.

세 사람이 함께 한 결혼

결혼 당시 갓 스무 살이었던 다이애나 비와 그녀보다 12살 많은 찰스 왕세자는 여러 면에서 너무나 다른 사람들이었다. 다이애나는 귀족

217

신분이었지만 스위스의 예절학교를 중퇴한 뒤, 이제 막 세상에 나와 유치원 보조 보모로 독립적인 삶을 시작하려던 순진한 아가씨였다. 반면에 태어날 때부터 제1왕위 계승자로 떠받들어지며 자란 찰스는 공부에도 소질을 보여 케임브리지 대학을 졸업한 인텔리였다. 다이애나는 자기 발로 뛰는 스포츠와 춤을 좋아했지만 찰스는 말을 타는 폴로와 사냥을 즐겼다. 다이애나는 함께 하는 대화와 유대감을 중시했지만, 찰스는 혼자 하는 사색과 독서를 더 좋아했다. 다이애나는 결혼 전 단 한 번도 제대로 된 연애를 해 보지 못했지만, 찰스는 가는 곳마다 스캔들을 뿌려대는 난봉꾼으로 소문 나 있었다. 그리고 다이애나와 결혼 당시 그는 오랜 연인이었던 카밀라 파커볼스를 정리하지 않고 그대로 신혼생활에 들어갔다.

카밀라 파커볼스는 찰스 왕세자가 20대 초반에 만난 연인이었다. 둘 사이 애정의 역사는 길었고 그들 사이에 오고 간 감정의 교류는 누구도 가늠할 수 없었다. 찰스 왕세자와 만난 지 1년도 채 안 되어 결혼을 한 다이애나 비가 끼어들 수 있는 관계가 아니었다.

카밀라는 다이애나 비처럼 아름답진 않았지만 세련된 교양이 있었고, 다이애나 비처럼 젊진 않았지만 그 대신 품위와 지혜를 가지고 있었다. 카밀라는 찰스 왕세자의 거울과 같은 존재였다. 찰스 왕세자와 같은 취미, 같은 관심사, 같은 가치관을 가지고 있었고 누구보다도 찰스 왕세자를 가장 잘 이해했다.

　카밀라의 신분이 평민이 아니었다면, 그리고 결정적으로 카밀라가 찰스 왕세자의 절친한 친구인 앤드류 파커볼스의 아내가 아니었다면 둘은 일찌감치 결혼할 수 있었을지도 모른다. 그러나 1980년대 영국 왕실은 왕세자의 파격적인 행동을 허용할 수 없었다. 카밀라를 사랑하지만 왕위를 갈구했던 찰스 왕세자는 왕실이 반대하는 그녀를 왕비로 들일 수는 없었다. 사랑은 카밀라와 할지라도 대외적으로 왕세자의 아내 자리를 맡아 줄 여자가 필요했다. 찰스 왕세자와 카밀라 파커볼스의 입장에서 다이애나 비는 방해꾼이라기보다는 오히려 그들의 사랑을 위해 꼭 필요한 방패막이었다.

　훗날 다이애나 비는 자신의 결혼생활에 대해 이렇게 자조적으로 말했다.

'세 사람이 함께 한 결혼이니 좀 붐볐죠'

　왕세자의 결혼은 연애기간부터 삐걱거렸다. 순진하고 미숙했던 레이디 다이애나는 자신이 왕세자비가 된다는 사실에 흥분해 찰스 왕세자의 주변과 의도를 제대로 파악하지 못했다. 찰스 왕세자에게 결혼은 왕으로 가기 위한 통과의례일 뿐이었다.

이미 연인 카밀라가 있었던 찰스 왕세자는 한 남자로서 평생을 사랑하고 함께 지낼 배우자를 찾기보다는 공석인 왕세자비의 자리를 메워 줄 적당한 여인을 찾고 있었다. 왕세자비로서 그리고 훗날 왕비로서 부족하지 않을 귀족 신분과 미모, 합법적으로 왕위를 계승할 2세를 낳아줄 건강, 그리고 자신의 말을 거역하지 않을 순종적 태도를 가진 처녀라면 누구라도 괜찮았다. 애초에 사랑 같은 것은 바라지도 않았고 나누어 줄 사랑도 충분치 않았던 찰스 왕세자는 순진무구해 보이는 20살의 다이애나를 편의상 왕세자비로 골랐던 것이다.

　그러나 그것은 찰스 왕세자의 오산이었다. 생각 없이 시키면 시키는 대로 꼭두각시처럼 움직일 줄 알았던 다이애나 비는 그렇게 호락호락한 여인이 아니었다. 그녀의 자아는 강했고, 의지는 굳세었다. 여기에서 그들의 불행이 싹텄다. 다이애나 비는 마치 20세기 이전의 왕들처럼 버젓이 애인을 따로 두겠다고 나온 찰스 왕세자의 뻔뻔함을 참을 수 없었다. 그리고 자신을 왕세자의 액세서리처럼 취급하는 왕실의 태도에 깊이 상처를 입고 반기를 들었다. 애초에 20세기 후반을 살고 있는 현대 여성에게 지위를 주겠으니 사랑은 포기하라고 한 것부터가 잘못이었다. 그녀는 동화 속 왕자의 처분만 기다리는 고분고분한 공주가 아니었다. 그녀는 지위도 원했고 사랑도 원하는 살아 있는 여자였다. 아니 지위보다는 사랑이 더 배고픈 젊은 여인이었다.

스펜서 백작의 수줍은 셋째 딸

다이애나 비는 훗날 스펜서 백작 7세가 되는 올소프 자작 에드워드 존 스펜서와 퍼모이 남작 4세의 딸 프랜시스 사이에서 셋째 딸로 태어났다. 위로 두 딸아이를 둔 스펜서 부부는 그녀가 가문을 이어갈 아들이 아닌 것에 상당히 상심했다. 부모의 상심은 알게 모르게 아이에게 전달되어 다이애나는 어렸을 때 자신이 남자아이로 태어나지 않은데 대해 죄책감을 느꼈다고 한다. 올소프 자작 부부의 근심은 4년 후 다이애나의 남동생이 태어나면서 해소되었지만, 아이 때 느낀 자존감의 혼란은 다이애나에게 오래도록 영향을 미쳤다.

그리고 7살 때 일어난 부모의 이혼사건도 그녀의 소녀시절을 불운하게 만들었다. 아이들의 양육권과 재산권을 둘러싼 지루한 법정싸움에 다이애나의 형제들은 희생양이 되었다. 어머니가 떠난 집에 남은 어린 다이애나와 남동생은 부모의 손길을 제대로 받지 못하고 자랐다. 그래서인지 그녀는 인형과 작은 생물을 돌보는 일에 집착했고 사람들을 도와주는 일에 행복을 느꼈다.

학업에서는 그다지 뛰어난 편이 못되었다. 언니 사라와 남동생은 학교에서도 알아주는 수재였지만 다이애나는 평균 이하 정도의 성적에 만족해야 했고 이것은 그녀에게 또 다른 열등감이 되었다. 그녀는 발레를

어린 다이애나의 모습
다이애나는 스펜서 백작의 셋째 딸로 남부럽지 않은 가문에서 태어났다. 청소년시절 공부에는 별 취미가 없었지만 착하고 따뜻한 처녀로 자라났다. 찰스 황태자를 만날 당시 다이애나는 유치원 보조 보모 일을 하고 있었다. 지적 수준도 다르고 공유할 수 있는 취미나 관심사가 없었던 다이애나와 찰스 황태자는 처음부터 잘 맞지 않는 커플이었다.

좋아하고 요리와 청소, 아기와 아픈 사람을 돌보는 일에 능했지만 아무도 그녀의 이런 재능을 제대로 봐주지 않았다. 그녀 자신도, 주변의 사람들도 다이애나를 특기가 없는 그저 그런 아이라고 생각했다. 다이애나는 이 모든 일을 예민하게 느끼고 상처 입었지만, 겉으로 자신의 불행을 드러낼 순 없었다. 귀족가문의 영양인 그녀가 선택할 수 있었던 것은 10대다운 반항이 아니라 속으로 삭이며 남들 앞에 나서지 않고 조용히 처신하는 것이었다.

그녀는 다른 사람을 돌보고 봉사하는 것을 좋아하지만 자신감이 없고 소극적인 성격의 아가씨로 성장했다. 그녀의 이런 성격은 왕세자비가 된 후 갑자기 세상의 관심을 받기 시작하자 문제를 일으켰다. 엄격한 왕실생활에 적응하는 것도, 대중 앞에 나서 왕세자비의 일을 수행하는 것도 모두 스트레스가 되어 그녀의 몸과 마음을 침범했던 것이다.

다이애나가 찰스 왕세자를 처음 본 것은 그가 언니 사라의 남자친구였던 17살 때였다. 누구나 선망하는 왕자를 처음 만났을 때 다이애나가 느낀 감상은 그가 가여운 사람이라는 것이었다. 다이애나는 찰스 왕세자가 가진 국가와 왕실에 대한 의무와 책임을 측은하게 생각했다. 자유롭게 살 수 없는 왕족의 비애를 이때 당시 다이애나는 어렴풋이 느끼고 있었던 것 같다. 언니 사라와 8개월간 좋은 만남을 이어가던 찰스 왕세자는 사라와 멀어지면서 자연스레 다이애나의 시야에서도 사라졌다.

그로부터 3년 후, 다이애나는 가까스로 부모의 허락을 받아 런던에서 여자 친구들과 아파트를 얻어 함께 살기 시작했다. 비록 유치원 보모의 보조 자리였지만 직업을 구했고, 또래의 친구들과 어울려 다니며 수다를 떨고 파티를 열고 클럽에 가는 생활이 한창 즐거운 스무 살이었다. 그녀는 이때가 태어나서 처음으로 목이 뒤로 젖혀질 만큼 웃었던 행복한 시절이었다고 회고했다. 귀족의 딸이라는 허울을 벗어 던지고, 꿈 많은 20대 초반의 여성으로 인생을 만끽하기 시작한 다이애나 앞에 찰스 왕세자가 다시 나타났다.

사랑합니다. 그것이 무엇을 의미하든 간에

찰스 왕세자는 어머니 엘리자베스 2세가 1952년 영국의 여왕으로 즉위하자 왕세자가 되었다. 21세 되던 1969년에 서임식을 거행하여 웨일즈의 왕자(Prince of Wales)라는 칭호와 함께 제1왕위계승권을 얻었다. 그는 해관사관 교육을 받고 케임브리지 대학교에서 고고학, 인류학, 역사학을 공부한 엘리트였다. 찰스 왕세자는 정열적인 활동가라던가 사교계를 주름잡는 멋쟁이 왕자는 아니었다. 그는 다소 조용한 성격에 철학적 토론을 즐기는 학구파에 속했다. 그렇다고 책상물림은 아니었다. 폴

영국의 웨일스 공 찰스
어머니는 영국의 엘리자베스 2세, 아버지는 그리스 왕자 출신의 에든버러
공 필립으로, 1948년 11월 14일 런던의 버킹엄 궁전에서 태어났다. 유년기 때
부터 어머니의 뒤를 이어 미래의 영국왕이 되기 위해 철저한 엘리트 교육
을 받았다.

로경기를 좋아했고 꽤 능숙한 선수이기도 했다.

결혼적령기에 도달한 왕족, 특히나 영국을 대표할 차기 왕의 제1후보인 찰스 왕세자에 대한 언론과 세계인들의 관심은 남달랐다. 그가 귀족 아가씨와 파티장에서 농담을 주고받으며 웃기만 해도 신문기사 거리가 되었다. 당시 남몰래 유부녀 카밀라와 밀애를 즐기던 총각 왕세자 찰스는 자칫 자신의 부적절한 사랑이 언론에 들킬까 전전긍긍하였다. 그래서 그는 사교계를 돌아다니며 헛소문을 만들어 줄 아가씨들을 물색해 짧은 스캔들을 터뜨리기도 했다.

그러나 진심이 묻어나지 않은 데이트는 눈치 빠른 귀족아가씨들의 마음을 돌아서게 만들었다. 왕세자와 사귀었던 다이애나의 언니 사라도 그런 귀족 아가씨들 중 하나였다.

더 이상 짧은 연애 기사로는 언론도 국민도 만족하지 못했다. 그들은 왕세자에게 부조리하며 치졸할지도 모를 현실의 사랑보다는 동화 같은 로맨스를 원했다. 집요하게 자신의 애정행각에 따라붙는 언론을 피하고 왕위계승자로서의 위치를 확고히 하기 위해서는 아름다운 로맨스가 부록으로 따라붙는 공식적인 결혼이 필요했다.

서른을 넘어선 찰스 왕세자에게 국민과 왕실이 보내는 결혼 압박도 만만치 않았다. 찰스 왕세자에게는 궁지에 몰린 자신을 구해 줄 순진하고 조건이 맞는 아가씨가 그 어느 때보다 절실했다. 그때, 찰스 왕세자의 눈에 다이애나가 들어왔다.

다이애나와 찰스 왕세자의 만남은 그다지 극적이지는 않았다. 존경하던 친척 아저씨가 돌아가신 후 상심에 젖은 찰스 왕세자를 위로하는 모임에 다이애나가 말벗 자격으로 초대되었다. 우연이라고 하였지만 어쩌면 그것은 찰스 왕세자와 다이애나를 결혼으로 몰아가기 위한 왕실 가족들의 계획 아닌 계획이었을지도 모른다. 다이애나는 찰스 왕세자 옆에 앉아 식사를 했고 상처받은 사람을 위로하는데 일가견이 있던 다이애나는 슬픔에 젖은 찰스 왕세자의 마음을 녹이는 말을 건넸다.

이것이 시작이었다. 상심의 시기에 다이애나의 위로를 들은 찰스 왕세자는 그녀에게 갑작스레 호감을 보이기 시작했다. 17살 미숙한 사춘기 소녀가 아니라 스무 살의 처녀로 성장한 다이애나를 다시 바라보기 시작한 것이다.

다이애나는 여러 면에서 찰스 왕세자가 찾던 조건에 딱 들어맞는 여인이었다. 영국 왕세자의 비가 되기 위해서는 성공회 신자이고 결혼한 적이 없는 처녀이며 왕족이거나 귀족가문 출신이어야 하는 조건이 있었는데 다이애나는 이 조건에 모두 합당했다. 거기다 그녀는 아름답고 건강했으며 무엇보다도 순진무구했다. 그리고 사람의 마음을 움직이는 따뜻함도 가진 여자였다.

두 사람의 관계는 급속도로 발전되었다. 소나기처럼 몰아치는 찰스 왕세자의 데이트신청과 왕세자와의 데이트가 거듭될수록 증폭되는 언론과 세간의 관심 속에서 다이애나는 중심을 잃어버렸다. 자신이 어디로 떠밀려가고 있는지 미처 깨닫기도 전에 그녀는 찰스 왕세자의 청혼을 받아들였다. 만남부터 결혼까지 모든 것이 주변에 의해 일사천리로 이루어지고 있었다.

결혼 며칠 전 다이애나는 문득 자신이 찰스 왕세자의 진짜 마음을 알고 있지 못하다는 사실을 깨달았다. 불안하기는 찰스 왕세자도 마찬가지였다. 아무리 카밀라와의 부적절한 애정을 숨기고 왕세자의 입지를 튼튼히 하기 위한 결혼이라 해도 평생을 같이 해야 할 배우자, 게다가 공식적 행사를 함께 치러야 할 왕세자비, 장차 영국의 왕비가 될 여인을 선택하는 일이었다. 다이애나에게 호감 이상의 감정을 품고 있지만 그것만으로는 어딘가 부족했다.

둘의 교제를 열렬히 지지하는 왕실과 국민들에게 떠밀려 약혼을 발표하기 전 찰스 왕세자는 측근에게 이렇게 말했다고 한다.

'뭔가 끔직한 실수를 저지르고 있는 것 같군. 다이애나에게서는 카밀라와 같은 감정이 느껴지지 않아.'

찰스 왕세자는 결혼을 앞두고서도 카밀라와의 관계를 정리하지 않고 애매하게 남겨놓았다. 결혼 당시의 찰스 왕세자와 카밀라와의 관계에 대해서는 몇 가지 의견이 있다. 한편에서는 이미 청산된 관계로 우정으로 남으려 했다고도 하지만, 카밀라의 결혼으로도 끊어지지 못했던 두 사람의 관계가 왕세자의 결혼을 계기로 우정 따위로 바뀔 리는 만무했을 것이다. 한때 찰스 왕세자도 다이애나에게 충실하기 위해 노력을 기울이기는 했을 것이다. 그러나 그는 그것이 불가능하다는 것을 곧 깨달았다. 찰스 왕세자는 한 측근에게 평생 동안 사랑한 여인은 카밀라뿐이라고 고백하기도 했다.

아무리 왕세자비가 된다는 사실에 들떠 상황을 제대로 판단하지 못하는 순진무구한 아가씨라고 할지라도 남편이 될 사람의 복잡하고 뜨뜻미지근한 감정을 전혀 눈치 채지 못할 신부는 없다. 이쯤에서 다이애나도 어렴풋이 깨닫고 있었다. 왕세자의 사랑에 의문을 품은 다이애나에게 찰스 왕세자는 묘한 대답을 해주었다.

'사랑하오. 그것이 무엇을 의미하든.'

이 말은 결혼식 중 성혼선언 전에 하는 주교 질문에서도 다시 한 번 반복되었다.

'사랑하겠습니다. 그것이 무엇을 의미하든.'

매우 기묘한 말이었다. 사랑한다는 말 뒤에 '그것이 무엇을 의미하든'을 붙인 찰스 왕세자의 진심을 신혼이 시작되자마자 다이애나 비는 곧 깨달았다.

남편의 여자, 카밀라 파커볼스

다이애나 비에 대한 찰스 왕세자의 사랑은 남성이 여성에게 품는 자연스럽고 애틋한 사랑이 아니라 왕세자가 왕세자비에게 가지는 공식적인 사랑이었다. 찰스 왕세자가 한 명의 남자로서 가진 사랑은 연애 시기에도 결혼 후에도 다이애나 비에게 있지 않았다. 왕세자가 아니라 인간 찰스로서 그가 사랑한 여인은 이미 남의 아내가 된 카밀라 파커볼스였다.

처녀시절 카밀라는 찰스 왕세자를 폴로 경기장에서 처음 만났다. 찰스 왕세자는 그녀의 약혼자였던 앤드류 파커볼스의 절친한 친구였다. 첫 만남에서 카밀라는 약혼자의 친구를 유혹하는 매우 도발적인 말을 건넸다.

'내 증조할머니가 당신의 고조부인 에드워드 7세의 정부였답니다. 우리도 그럴까요?'

진담 반 농담 반이 섞인 이 말 한마디에 둘의 사랑이 시작되었다.

20대 초반에 만난 찰스 왕세자와 카밀라에게 친구의 약혼자, 약혼자의 친구라는 난처한 입장은 전혀 문제 될 것이 없었다. 오히려 그들의 사랑을 막은 것은 카밀라가 귀족의 신분이 아니라는 점이었다.

찰스 왕세자보다 한 살 연상인 카밀라의 처녀적 성은 샌드이다. 외조부는 애쉬컴브 남작이었지만 그녀의 아버지 부루스 샌드는 귀족이 아니었다. 부루스 샌드는 소령으로 예편하여 와인상으로 크게 성공하였다. 그녀의 친정은 상당한 재력을 가졌고 교류하는 집안들은 귀족가문이 많았지만, 정작 신분은 평민이었다. 카밀라는 재력가 집안의 영양답게 스위스의 예절학교를 졸업했으며, 파리의 브리태니끄 인스티튜드에서 공부한 인텔리 여성이었다.

그녀가 그저 평범하고 멋진 남자를 만나 사랑에 빠졌다면 그녀의 신분은 아무런 문제가 되지 않았을 것이다. 그러나 얄궂게도 그녀가 사랑하게 된 남자는 왕족, 그중에서도 다음 왕위를 물려받을 왕세자였다. 찰스 왕세자는 카밀라를 사랑했지만 청혼을 하는 데는 머뭇거렸다. 결국 두 사람은 미래에 대한 아무런 약속도 남기지 않고 헤어졌다.

집념의 여인이라 불리는 카밀라 파커 볼스

1947년, 런던에서 애쉬컴브 남작 R 커빗트의 외손녀로 태어났으나 신분은 평민이었다. 찰스 왕세자와 만나 이룰 수 없는 사랑을 나눈다. 두 아이의 엄마면서도 찰스 왕세자와 불륜 관계를 지속했다. 소심하고 낯을 가리는 다이애나와 달리 쾌활하고 유머감각이 넘친다고 한다. 1990년에는 찰스 왕세자와의 은밀한 통화 내용을 녹음한 테이프가 언론에 폭로되어 파문을 일으키기도 했다. 찰스 왕세자는 평생 동안 사랑한 여자는 카밀라뿐이라고 고백했다.

찰스 왕세자는 카밀라와의 사랑을 남겨둔 채 군에 입대해 몇 년간 영국을 떠났다. 왕세자의 청혼을 기다리던 평민 처녀는 신분을 한탄하며 원래 약혼자였던 찰스 왕세자의 친구 앤드류 파커볼스 대령과 결혼했다. 카밀라와 앤드류 파커볼스와의 결혼소식을 들은 찰스 왕세자는 무척이나 후회하고 상심했다. 슬픔에 잠긴 찰스는 일기장에 '축복받고 평화로우며 상호적이고 행복한 관계'였던 카밀라를 그리며 '지금의 상실감이 언젠가는 지워지겠지'라고 썼다고 한다.

그러나 찰스 왕세자는 그 상실감을 지우지 못했다. 영국으로 돌아온 그는 우정을 가장하여 파커볼스 부부를 다시 만나기 시작했다. 그러나 우정은 이미 허울일 뿐 두 사람은 곧 다시 연인 관계로 발전했다. 남편 앤드류 파커볼스는 찰스의 왕세자라는 신분에 주눅 들어 이 부정한 두 남녀의 관계를 방조할 수밖에 없었다.

제1왕위계승권자로서 결혼압박에 시달리던 찰스 왕세자는 사랑하는 여인 카밀라를 두고 신부감을 찾아야만 하는 고뇌에 빠졌다. 그래서 이런저런 염문을 퍼뜨리며 난봉꾼을 자처했다. 카밀라가 평민 처녀라는 이유로 결혼을 망설였던 찰스 왕세자에게 이혼녀 심슨 부인과 결혼하면서 왕위까지 버린 큰할아버지 에드워드 8세의 호기가 있을 리 없었다.

찰스 왕세자는 왕이 되고 싶었고 왕이 되기 위해선 적당한 왕세자비감이 필요했다. 그러나 그는 사랑도 포기하고 싶지 않았다. 두 손에 든 떡을 다 가지고 싶은 천상 왕족인 찰스 왕세자는 적당히 속여먹기 좋은 어리고 순진한 여자가 필요했다. 이때 다이애나가 찰스 왕세자의 눈 안에 들어왔다. 카밀라도 자신들의 사랑을 이어가기 위한 만만한 상대로 다이애나가 적당하다고 찰스 왕세자에게 그녀와의 결혼을 권했다.

다이애나와의 약혼시기에도 찰스 왕세자는 카밀라에게 사랑을 담은 커플 팔찌를 선물했으며 신혼여행 중에는 카밀라가 선물한 커프스를 달았다. 흥분과 혼란 속에서 결혼식을 마치고 침착함을 되찾은 다이애나 비의 눈에 찰스 왕세자와 카밀라의 불륜이 보이지 않을 리 없었다. 그녀는 남편에게 카밀라와의 관계를 청산해 줄 것을 울면서 호소했다.

그러나 찰스 왕세자는 다이애나 비가 괜한 오해를 한다고 밀어붙이며 아무런 태도의 변화를 보이지 않았다. 몇 차례의 자살시도와 폭식증, 거식증을 오가며 다이애나 비가 질투와 자기혐오에 빠져 피폐해져 가도 찰스 왕세자는 무관심으로 일관했다. 훗날 찰스 왕세자는 자신이 주인공이 된 다큐멘터리에서 다이애나 비와의 관계가 거의 파탄 난 다음에 다시 카밀라와 혼외정사를 재개했다고 고백했지만, 다이애나 비는 찰스 왕세자가 그녀를 처음 만났을 때도 결혼생활 중에도 단 한 번도 카밀라와의 관계를 끊은 적이 없다고 생각했다. 또 설사 결혼 초기 찰스 왕세자가 다이애나 비에게 충실하기 위해 카밀라와의 육체적 관계를 그만두었다고 하더라도 그것은 두 사람의 결혼생활에 그다지 도움이 되는 노력은 아니었을지도 모른다.

결혼 생활에서 아내에게 남편의 정신적인 외도는 육체적인 부도덕보다 더 큰 상처가 된다. 우정을 가장하여 만남을 지속하는 카밀라에게 남편의 마음이 온통 가 있는 것을 번연히 지켜보며 다이애나 비는 고통의 세월을 보내야만 했다.

그렇다고 카밀라가 속편하게 지냈던 것은 아니었던 듯하다. 카밀라에게도 다이애나 비의 존재는 고통이었다. 자신들의 사랑을 가리기 위해 찰스 왕세자에게 결혼을 권하기도 했던 그녀였지만 애인의 정식 아내, 게다가 국민적 사랑을 받는 왕세자비라는 존재는 부담 그 자체였을 것이다. 게다가 다이애나 비는 젊고 아름다웠다. 카밀라는 찰스가 다이애나와 결혼 후 자신을 떠날까봐 언제나 전전긍긍했다고 한다. 결혼한 왕세자가 두 사람의 밀애를 보장해 주었던 왕세자 전용별장을 없앨까봐 걱정했으며, 사교모임에서는 언제나 다이애나 비를 보필하는 척하면서 왕세자 부부의 근황을 살폈다. 사랑하는 애인의 아내와 한 자리에 있으면서 아무렇지 않을 강심장을 가진 여자는 별로 없을 것이다.

찰스 왕세자의 결혼은 카밀라에게도 무한한 질투와 자기 환멸의 시간을 선사했다.

가식적인 왕실 생활 그리고 파경

카밀라 파커볼스로 인해 결혼 직후부터 찰스 왕세자와 다이애나 비 사이에는 불화가 생겼지만, 그들은 왕족이라는 신분 때문에 자신들의 갈등을 감추어야만 했다. 다이애나 비는 시어머니인 여왕 엘리자베스 2세를 찾아가 찰스 왕세자의 부정을 폭로하고 바로잡아 줄 것을 간청했지만 돌아오는 대답은

'왕세자는 구제불능이구나.'

한마디뿐이었다. 그러면서도 황실은 그 구제불능 왕세자가 국민들 앞에서 더 멋지고 신뢰감 있게 보이도록 끊임없이 언론 플레이를 했고, 그 옆에 서서 다이애나 비는 방긋방긋 웃으며 행복한 결혼 생활을 연기해야 했다.

원래 소극적이고 수줍음이 많던 다이애나 비는 폭발적인 언론과 세간의 관심을 감당하기 어려웠다. 왕자로 태어나 어려서부터 언론에 노출되면서 성장한 찰스 왕세자는 다이애나 비의 고통을 이해할 수 없었다. 카밀라를 향한 질투와 남편에 대한 불신, 거기에 더해 대중 앞에서의 가식적인 연기까지 모든 것이 다이애나 비에게는 고통이었다. 그녀는

몇 번이나 손목을 그었고 계단 아래로 몸을 던졌으며, 폭식과 구토를 반복하면서 여위어갔다.

그런 중에도 그녀는 윌리엄과 해리 두 명의 왕자를 낳아 왕실의 대를 이어야 하는 왕세자비로서의 의무는 다했다. 어머니가 된 다이애나 비는 자신이 어린 시절 충분히 받지 못했던 사랑을 보상이라도 하듯이 두 왕자에게 넘치는 사랑을 베풀었다. 그녀는 아이들이 왕족으로 특별대우를 받으며 자라기를 바라지 않았다. 그녀는 자신이 시작한 봉사활동에 아이들을 대동하였으며, 그들이 궁궐 안에서 가정교사로부터 특별교육을 받기보다는 일반 학교에 가서 또래 아이들과 어울리기를 바랐다.

다이애나 비의 사랑 속에서 윌리엄과 해리 두 왕자는 영국 왕실의 새로운 희망으로 떠올랐다. 두 왕자는 언제나 왕실을 박차고 나오고 싶은 그녀의 흔들리는 마음을 잡아주었으며, 고통스러운 왕실 생활 중에 유일하게 시름을 잊게 해 주는 보물과도 같은 존재들이었다. 이미 결혼 초기에 찰스 왕세자에게 만정이 다 떨어진 다이애나 비가 그나마도 15년간 영국의 왕세자비로 살았던 것은 부모의 이혼으로 상처받은 자신의 어린 시절을 아이들에게 되풀이하고 싶지 않았기 때문이었다고 한다.

남편 찰스 왕세자와 왕실은 왕실 생활에 적응하지 못하는 다이애나 비를 푸대접하였지만 영국 국민들은 그녀를 사랑했다. 결혼 초 남편의 부정에 충격을 받은 다이애나 비의 모습은 대외적으로 아무리 행복

국민의 사랑을 받은 다이애나

남편과의 불화로 불행한 결혼생활을 했지만 뛰어난 미모와 패션 감각으로 젊은 여성들의 선망의 대상이 되었다. 또한 작심자의 지뢰제거운동 등 인류 애를 실천하기 위한 많은 활동과 자선활동을 벌여 국민들의 사랑을 받았다. 이혼 후 자유로운 삶을 꿈꿨지만 1997년 파리에서 교통사고로 뜻하지 않은 죽음을 맞이했다.

을 연기한다 해도 어색함이 많았다. 그러나 아무리 갈구해도 돌아보지 않는 찰스 왕세자의 사랑을 단념하고 찰스의 아내가 아니라 영국 왕세자비의 진정한 의무를 다하기로 결심한 다이애나 비의 모습은 아름답게 변해 있었다.

짧은 숏커트 헤어스타일에 심플한 정장을 차려 입은 그녀는 세계 여기저기를 누비며 봉사활동을 시작했다. 왕세자비라는 자리는 그녀의 활동이 의미 있는 결실을 맺게 해 주었다. 관여하는 자선활동에 수많은 사람들이 모여 그녀를 도왔다. 그녀가 일반인 다이애나가 아니라 영국의 왕세자비이기에 가능한 일이었다. 그녀는 자신의 위치를 충분히 파악했고 자기가 할 수 있는 일은 마다 않고 기꺼이 해나갔다.

진심 어린 그녀의 봉사활동에 세계는 감동했다. 그녀의 인기는 왕실 가족 그 누구보다 더 높았다. 찰스 왕세자가 다이애나 비의 인기를 질투하기 시작했다. 그저 왕세자를 돋보이게 하는 액세서리 왕세자비가 필요했던 찰스 왕세자와 영국 왕실은 다이애나 비의 인기에 당황했다. 그들은 다이애나 비의 대외활동을 제한하기 시작했다. 심지어는 그녀의 스케줄을 취소하고 찰스 왕세자가 대신하기도 했다.

다이애나 비는 겨우 찾은 자신의 소명을 왕세자비라는 굴레로 인해 놓쳐버릴 수 없다고 생각했다. 자신의 아름다운 청춘과 사랑에 대한 희망을 짓밟고 새로 찾은 삶의 의미까지도 싹을 죽이려는 왕실에 분노한 다이애나 비는 즉각 대응에 나섰다. 이제 신혼 초 남편의 사랑을 갈구하며 징징대던 모습은 어디에도 없었다.

1992년 그녀는 저명한 왕실전문 작가 앤드류 모튼과 연락해 자신의 암담했던 결혼생활을 낱낱이 고발하는 책을 쓰도록 하였다. 그동안 쉬쉬하면서 숨겨져 있었지만 알만 한 사람은 다 알고 있던 왕실의 스캔들이 터져 나오자 세계는 찰스 왕세자와 다이애나 비 그리고 카밀라 파커볼스의 행보에 주목했다. 영국 왕실은 당황했고 조치를 취하지 않을 수 없었다. 찰스의 외도와 왕세자 부부의 불화를 방관하던 엘리자베스 2세가 왕세자 부부를 불러 오래 토의를 한 끝에 찰스 왕세자와 다이애나 비는 공식적으로 별거를 선언했다.

별거 후 1994년 다이애나 비는 이혼도 해 주지 않으면서 그녀의 대외적 활동을 제한하는 왕실과 찰스 왕세자로부터 벗어나기 위해 영국 국영 방송 BBC와 인터뷰를 했다. 이 인터뷰에서 다이애나 비는 영국 왕실과 찰스 왕세자에게 정면으로 맞섰다. 책에서 완곡하게 표현되었던 찰스 왕세자와 카밀라 파커볼스의 불륜은 만천하에 알려졌다. 이 인터뷰에서 다이애나 비는 왕세자의 사랑을 받지 못한 세월동안 자신이 저지른 불륜 사실도 일부 털어놓았다.

결혼은 파탄 났고 다이애나 비는 자유를 얻었다. 여왕 엘리자베스 2세는 인터뷰 직후 그녀와 찰스 왕세자를 불러 들여 이혼을 지시했다.

1996년 8월 다이애나 비는 처녀 적 이름 다이애나 스펜서를 되찾으면서 왕세자비와 왕족의 지위를 잃었다. 그러나 제2, 제3의 왕위계승권자인 윌리엄과 해리 왕자의 어머니로서 왕실가족으로 대우를 받았으며 웨일즈의 공주(The Princess of Wales)라는 공식 직함은 그대로 유지했다. 그녀는 두 아들의 양육권을 왕실과 나누어 가졌으며 여전히 켄싱턴 궁에서 살 권리와 거액의 위자료, 봉사활동을 계속하기 위한 왕궁내 사무실을 얻었다.

1997년 8월 30일 운명의 파리

이혼 후 1년간은 다이애나 스펜서 인생에 있어서 가장 자유로운 시기였을 것이다. 실제로 그녀는 친한 여자 친구와의 전화 통화에서 자신의 현재 상태가 '천국 같다'고 말했다고 한다. 비록 왕세자비의 지위를 잃었다 해도 봉사활동을 통해 쌓은 그녀의 세계적 명성은 사라지지 않았다. 그녀는 왕세자비라는 답답한 옷을 벗어 버리고 날개를 단 듯 더 자유롭게 자신의 앞날을 결정해 나갔다.

그녀는 세계적 명사들과 함께 AIDS 환자들을 도왔고 대인지뢰반대운동에 나서 미국과 프랑스 등에서 결과를 이끌어 냈다. 남편 찰스 왕세자의 불륜에 지쳐 맞바람으로 대응하던 지난날의 음습한 남녀관계가 아닌 대명천지에 떳떳한 사랑도 할 수 있었다.

한편 찰스 왕세자와 카밀라도 자신들의 관계를 공식화하기 위해 움직였다. 다이애나 비의 책이 나왔을 때 카밀라는 더 이상 앤드류 파커볼스와 가식적인 결혼 생활을 계속할 수 없었다. 왕세자의 정부로 30년간 산 카밀라의 명예도, 그런 그녀를 묵인했던 남편 앤드류 파커볼스의 명예도, 카밀라 친정의 명예도 땅에 떨어졌다. 영국 국민들은 사랑하는 다이애나 비를 불행에 빠뜨린 마녀라고 카밀라를 힐난했다. 카밀라는 찰스 왕세자가 다이애나 비와 이혼하기 1년 전에 결국 앤드류 파커볼스와 헤어졌다. 그리고 찰스의 이혼을 기다렸고 마침내 두 사람은 아무런 양심의 가책 없이 마주 볼 수 있게 되었다.

찰스 왕세자는 자신의 이혼을 비난하는 여론이 잠잠해질 때를 기다려 카밀라와 정식으로 재혼을 할 생각이었다. 음지에서 30년간 키워온 사랑이 막 양지바른 곳으로 나아가려던 참이었다.

1997년 다이애나는 여름휴가를 애인과 함께 보냈다. 그녀의 애인은 영국 최고급 백화점인 해롯백화점을 운영하는 이집트인 모하메드 알 파예드의 장남 도디 파예드였다. 도디 파예드는 '불의 전차' 등을 제작한 할리우드 영화제작자였으며 다이애나 스펜서를 만나기 전까지는 상류층 사이에 꽤나 바람둥이로 이름난 멋쟁이였다. 지중해에서 꿈같은 여름휴가를 보낸 두 사람은 파리로 돌아왔다. 파리에는 도디 파예드의 호사스러운 아파트가 있었다. 도디 파예드는 이곳에서 다이애나에게 청혼할 예정이었다고 한다. 다이애나도 그의 청혼을 받아들일 마음의 준비를 하고 있었다.

두 사람이 파리 시내의 리츠칼튼 호텔에서 저녁식사를 끝내고 호텔이 제공한 벤츠에 오르자 그들의 연애에 초미의 관심을 보이던 파파라치들이 오토바이를 타고 자동차를 따라 잡기 시작했다. 자동차는 호텔 직원인 앙리 폴이 운전하고 있었다. 빗발치는 카메라 세례를 벗어나기 위해 차는 시속 190km로 과속했다.

그리고 운명의 지하차도로 접어들자마자 속도를 줄이지 못한 벤츠는 중심을 잃고 기둥으로 돌진했다. 기둥을 들이박은 차는 미끄러져 한바퀴 돈 다음 반대방향으로 멈춰 섰다. 도디 파예드와 운전사 앙리 폴은 그 자리에서 즉사했다. 다이애나 스펜서는 앞자리와 뒷자리에 끼어 치명적 중상을 입고 정신을 잃었다. 뒤따라오던 파파라치의 행렬이 차 옆에 섰다. 그들은 차의 뒷문을 열고 죽어가며 괴로워하는 다이애나 스펜서를 향해 카메라 플래시를 터뜨렸다. 누구 하나 긴급 구조 조치를 하거나 앰뷸런스를 부를 생각을 하지 않았다.

스무 살, 찰스 왕세자와 데이트가 시작된 순간부터 언론의 카메라 세례 때문에 고통 받았던 다이애나 스펜서는 누구에게도 구소 받지 못한 채 번쩍이는 카메라 불빛 속에서 36세의 짧은 생을 마쳤다.

떠난 자와 남은 자

15년간 영국 왕실에 청춘을 바치고 이제 막 자유를 얻어 새로운 삶을 찾아 가려던 다이애나 스펜서의 급작스런 사고사는 사람들에게 큰 충격을 던져 주었다. 특히 그녀를 사랑했던 영국 국민들의 상실감은 매우 컸다. 그녀는 단순한 왕세자비가 아니라 영국 '국민들의 공주'로 사람들에게 재평가되었다. 죽음을 애도하는 꽃다발이 그녀가 살던 켄싱턴 궁뿐만 아니라 여왕이 사는 버킹검 궁 정문 앞에 쌓이기 시작했다.

그때까지도 왕실은 다이애나 스펜서의 죽음에 냉담했다. 이미 이혼으로 왕실을 떠난 사람에 대해 그 어떤 의무도 없다는 것이 기본적인 입장이었다. 영국 국민들은 왕실의 쌀쌀한 반응에 분노했다. 다이애나 스펜서의 인생을 불행으로 몰아넣고 종국에는 언론의 횡포 앞에 방치하여 비명횡사하게 한 책임을 왕실에게 묻고자 하였다. 국민의 깊은 애도와 비난에 당황한 영국 왕실은 관례를 깨고 다이애나 스펜서의 장례식을 왕실장으로 치르도록 하고 텔레비전을 통해 전 세계에 방영했다. 영국 정부는 다이애나 스펜서의 유지를 이어 항구적인 기념사업을 도모할

카밀라와 찰스 왕세자의 결혼식

2005년 4월 9일, 찰스 왕세자는 윈저 성의 성공회 세인트 조지 성당에서 마침내 카밀라 파커 볼스와의 결혼식을 올렸다. 왕세자의 이혼 후 성공회 교단은 물론 엘리자베스 여왕과 언론의 반대에 부딪혔지만 카밀라는 마침내 왕실규율과 결혼 서약의 장벽을 넘어 35년간의 사랑의 결실을 맺었다.

위원회를 설치했다.

　다이애나 스펜서의 죽음 직후 그녀의 죽음에 대한 음모론이 떠오르기도 했다. 음모론을 주장한 사람은 도디 파예드의 아버지 모하메드 알 파예드였다. 영국 왕실이 유색 인종에다 이슬람교도인 자신의 아들과 다이애나가 결혼하려고 하자 왕위를 이을 윌리엄 왕자에게 혼혈 의붓동생이 생길 것을 우려해 사고를 위장하여 그들을 암살했다는 것이다. 그는 암살의 주체가 여왕의 남편인 필립 공이며 그 계획을 영국과 프랑스 정부가 도왔다고 주장했다.

　재력가인 모하메드 알 파예드의 주장은 묵살되지 않았고, 그 후 오랫동안 다이애나 스펜서와 도디 알파예드의 죽음은 프랑스 경찰에 의해 수사되었다. 그러나 최근 프랑스 재판부는 다시금 이 사건은 운전자 앙리 폴의 음주운전으로 인한 자동차 사고였다고 확정지었다. 모하마드 알 파예드는 유감을 표시했지만 영국 왕실은 재판부의 판결을 받아들였다.

　다이애나의 죽음으로 찰스 왕세자와 카밀라의 결합에도 차질이 왔다. 그들은 다이애나의 국민적 인기와 그녀의 갑작스런 죽음 탓에 오랫동안 법적으로 결합하지 못했다. 그리고 2005년 마침내 30여 년 세월을 기다려 카밀라는 찰스 왕세자의 정식 부인이 되었다. 영국 황실도 시대의 변화 속에서 하는 수 없이 새로운 왕실 가족으로 이혼녀 카밀라를 받아들이기로 한 것이다.

그러나 여전히 그녀는 이혼녀라는 결함 때문에 비록 찰스 왕세자가 왕으로 즉위한다 하더라도 왕비의 호칭은 얻지 못하고 '왕의 배우자'라고 불릴 예정이라고 한다. 그리고 현재는 죽기 직전까지 '웨일즈의 공주'라는 직함을 가졌던 다이애나에 대한 국민들의 정서를 의식한 듯 찰스 왕세자가 겸직하고 있는 콘월 공작의 작위를 딴 '콘월 공작부인'이라는 호칭에 만족하고 있다.

다이애나의 두 아들 윌리엄과 해리 왕자는 이제 20대 중반의 나이가 되었다. 윌리엄 왕자는 캐서린 미들턴이라는 평민 처녀를 아내로 맞을 예정이라고 한다. 엄격하고 전통을 고수하던 영국 왕실에도 새로운 바람이 불고 있다. 그것은 다이애나 스펜서와 카밀라 파커볼스라는 강하고 도전적인 여성들이 왕실에 머물렀고 또 지금도 머물고 있기 때문에 가능하게 된 일일지도 모르겠다.

9장

영혼의 가이드가 되어라

영혼과 영혼이 만나는 순간

존 레논 · 오노 요코

오노 요코는 존 레논에게 있어서 그가 동경했던 인생의 새로운 지평을 열어준 영혼의 가이드와 같은 존재였다.
존 레논은 그녀가 가진 과거와 현재를 모두 흠모하고 사랑했으며 그녀가 제시하는 미래의 비전에 공감했고
그녀와 함께 그 비전을 실현하려 했다. 오노 요코를 만나기 전 존 레논은 세계가 사랑하는 락 밴드
비틀즈의 멤버 중 한 명이었다. 오노 요코를 만난 이후 존 레논은 세계를 사랑하는 평화주의자,
반전운동가로 거듭났다. 존 레논을 만나기 전 오노 요코는 이상적 세계를 꿈꾸는 그다지
유명하지 않은 전위 예술가일 뿐이었다. 존 레논을 만난 후 오노 요코는 함께
자신이 꿈꾸는 세계를 실현해 갈수 있는 동지와 유명세를 얻었다.
존 레논과 오노 요코는 한 쌍의 남녀가 만나서 서로를 깊이 신뢰하고
밀착하여 서로의 영혼에 전폭적인 영향을 끼칠 수
있다는 것을 삶 그 자체로 보여주었다.

아무도 예상하지 못했던 순간
소울메이트를 만나다

'1940년 10월 9일 출생. 1966년 11월 9일 오노 요코를 만남'

이것은 존 레논(John Winston Ono Lennon, 1940년~1980년)이 직접 쓴 자신의 인생 이력이다. 자신을 이 세상에 오게 한 출생과 오노 요코와의 만남을 동격으로 생각한 존 레논. 그는 태어난 것과 오노 요코를 만난 것 외에 인생에서 이룬 다른 업적들은 아무런 쓸모가 없다고 생각했다. 존 레논에게 있어 태어난 것이 육체적 탄생이었다면 오노 요코와의 만남은 영혼의 재탄생과 같은 것이었다.

사랑했던 음악도, 그를 사랑하는 팬들도, 존 레논이 모든 것을 다 버려도 단 하나 붙잡고 싶었던 여자 오노 요코(Yoko Ono, 1933~). 그녀는 존 레논을 만난 그 순간 마치 자신의 영혼을 거울로 들여다보는 느낌을 받았다고 한다. 대중음악 스타와 전위 예술가의 운명적인 만남은 그렇게 지독하고도 강렬하게 두 사람을 사로잡았다.

오노 요코를 만나기 전 존 레논의 삶은 공허했다. 비틀즈의 성공으로 세계적인 명성과 열광하는 팬, 막대한 부를 얻었지만 그에게는 모든 것이 짐스럽고 귀찮기만 했다. 그저 좋아서 시작한 음악은 비틀즈의 인기와 함께 상품으로 변질되어 그의 숨통을 죄어 왔다. 가난하고 꿈 많았던 시절 죽고 못 살 것처럼 절친했던 동료들도 상황이 바뀌자 각자의 입장을 내세우며 갈등을 빚었다. 그 즈음 초창기 비틀즈가 결성될 무렵부터 뒷받침해 주던 매니저 브라이언 앱스턴의 죽음 또한 존 레논을 힘들게 했다. 사랑이라고 확신하기도 전에 너무 빨리 결혼한 아내 신시아와의 사이도 틀어지고 있었다.

불우했던 어린 시절부터 다소 냉소적이고 철학적이며 섬세했던 존 레논은 이 모든 것에 상처를 입었다. 그는 자신을 둘러싼 상황이 너무 고통스러웠지만 정작 그 스스로 벗어날 힘도 생각도 없었다. 그는 매사에 부정적이었고 히스테리를 부리는 어린애 같았다.

삶의 방향을 잃고 방황하던 존 레논은 1966년 11월 런던에 머물렀다. 그때 한 전위예술가의 전시회가 열리는 인디카 갤러리에 우연히 들른 존 레논은 기묘한 설치물을 보게 된다. 그 설치물은 관람자가 하얀 사다리를 타고 올라가 돋보기로 어느 지점을 들여다보도록 하고 있었다. 전시회의 독특한 분위기와 무언가 운명적인 느낌이 존 레논을 사다리로 오르게 했다.

그가 힘겹게 사다리를 타고 올라 장애물을 젖히고 두꺼운 돋보기로 본 것은 어떤 단어였다. 존 레논은 이 단어를 보고 번개를 맞은 듯한 충격을 받는다. 이 단어 하나로 이전까지 비관적 세계관에 괴로워했던 존

레논은 완전히 변했다. 존 레논이 돋보기로 들여다본 단어, 그것은 'YES'
였다. 'YES' 라는 단어에 담긴 긍정의 힘에 존 레논은 완전히 매료되었
다. 비관의 늪에서 허우적거리던 존 레논을 단숨에 긍정의 뭍으로 끌어
올린 이 전위예술가는 오노 요코였다.

당시 오노 요코는 존 케이지가 이끄는 아방가르드 전위예술을 주도
하는 플럭서스의 멤버로 새로운 실험 예술에 심취해 있었다. 플럭서스
에는 백남준, 조셉 보이스, 샬롯 무어먼 등이 속해 있었다. 그녀는 여성
운동가이자 반전운동가였으며 삶 속에서 이를 실천해 나가는 사람이었
다. 27세의 존 레논보다는 7살 연상이었으며 두 번째 결혼 생활 중이었
고 딸이 하나 있었다. 그리고 일본인이었다.

존 레논은 자신에게 긍정의 힘을 듬뿍 전해 준 전위예술가가 궁금했
다. 그리고 그 전시회 전체를 온몸으로 느끼고 싶었다. 전시회 작품 중
하나인 관객이 직접 벽에 못을 박는 행위예술을 존 레논이 하려고 할 때
였다.

"전시회는 내일이니 내일 와서 하세요"

왜소하고 검은 긴 머리에 눈만 큰 동양 여자가 다가와 도도하게 말했
다. 오노 요코였다.

비틀즈의 성공 이후 존 레논의 부탁을 거절한 여자는 아무도 없었다. 그런데 오노 요코는 한 번 하게 해달라는 그의 요구를 간단하게 물리쳤다. 대부분의 여자들이 존 레논에게 보내는 선망의 눈빛도 찾아볼 수 없었다. 평소 같았으면 신경질을 냈을지도 모르지만 이미 그녀의 작품이 전해 주는 'YES'의 힘을 듬뿍 받은 존 레논은 거절조차 유쾌했다. 재차 보채는 존 레논에게 오노 요코는

"그렇게 하고 싶다면 5실링을 내세요."

라고 무뚝뚝하게 말했다.

존 레논은 오노 요코의 제안이 너무 재미있다고 느꼈다. 그는 오노 요코의 무뚝뚝함을 재치로 받아쳤다.

"내가 눈에 안 보이는 5실링을 당신에게 줄 테니 당신은 내게 눈에 안 보이는 망치를 주세요."

그리고 존 레논은 오노 요코 앞에서 가상의 망치로 벽에 못을 박는 행동을 해 보였다.

그때였다. 오노 요코는 자기 앞에서 가상의 못질을 하는 이 남자가

오노 요코와 존 레논

전위예술가였던 오노 요코는 당시 최고의 팝 아티스트인 존 레논을 단번에 매혹시켰다. 요코는 존을 만나기 전까지 무명의 예술가였지만, 비틀즈나 존의 명성에 위축되는 모습은 눈곱만큼도 없었다. 오히려 자신의 예술이 비틀즈의 음악보다 우위에 있다는 당당한 태도를 보였고, 비틀즈를 떠받드는 순종적인 여성들에게 질린 레논에게 이런 요코의 모습은 신선하게 다가왔다. 당시 오노 요코는 서른 셋, 존 레논은 스물여섯으로 각자 배우자와 자녀를 둔 상태였지만, 두 사람은 서로에 대한 이끌림을 거부할 수 없었다.

자신의 영혼을 가장 잘 아는 영혼의 동반자라는 사실을 깨달았다. 자신의 작품이 가지는 의미를 완벽히 알아차린 남자, 오노 요코는 단숨에 이 남자에게 빠져들었다. 동시에 존 레논도 두 사람의 영혼이 그 순간 통했음을 느꼈다고 한다.

그 순간을 오노 요코는

"순간, 나는 나와 똑같은 생각을 하는 사람을 만났다고 생각했습니다."

라고 말했으며, 존 레논은 이렇게 말했다.

"우리가 진짜로 만난 순간이었죠. 우리의 눈이 서로에게 멈추었는데, 그녀도 그걸 느끼고, 나도 그걸 느꼈습니다."

오노 요코는 그때까지 존 레논이 비틀즈의 멤버라는 사실을 몰랐다. 아니 비틀즈라는 대중 음악밴드 자체에 관심조차 없었다.

그러나 이날 이후 당대의 가장 위대한 밴드였으며 전설이 될 비틀즈의 멤버 존 레논과 예술뿐만 아니라 삶에서도 실험적이었던 전위예술가 오노 요코의 운명적인 사랑이 시작되었다.

너무나 다르지만 너무나 똑같은 연인

　존 레논은 전형적인 영국 노동자 계급의 아들이었다. 그는 영국의 오랜 공업도시 리버풀에서 태어나고 자랐다. 선원이었던 아버지 알프레드 레논은 그가 태어나자마자 이혼하고 집을 나갔으며 어머니 줄리아는 재혼하면서 존 레논을 이모에게 떠맡겨버렸다. 그 어머니마저 그가 18세 되던 해에 교통사고로 세상을 떠나고 만다.

　부모에게 버림받고 스모그가 가득한 공업도시의 하늘 아래서 외롭고 우울한 사춘기를 보낸 존 레논은 종종 폭력사건을 일으키는 문제아였다. 음울한 청소년기를 보낸 그에게는 음악만이 유일한 탈출구였다. 리버풀 미대에 진학하면서 결성한 음악 밴드는 그에게는 살기 위한 몸부림 같은 것이었다.

　존 레논에게 비틀즈의 멤버들은 외로웠던 어린 시절을 보상해 줄 형제요 친구와 같은 존재들이었다. 그리고 리버풀 미대 시절 시작한 신시아 파웰과의 치기어린 연애는 그녀가 임신하면서 결혼으로 이어졌다. 어린 시절 아버지에게 버림받은 존 레논이었기에 사랑을 확신할 수는 없지만 신시아의 임신을 외면할 수 없어 선택한 결혼이었다. 신시아와의 사이에서 아들 줄리안이 태어났다. 비틀즈를 통해 그는 외로움을 벗고 가족을 얻었지만, 그것도 잠시, 너무 큰 성공은 오히려 단란했던 그들

비틀즈 시절의 존 레논

더 비틀즈(The Beatles)는 존 레논, 폴 매카트니, 조지 해리슨, 링고 스타로 구성된 멤버 전원이 영국 리버풀 출신인 록 밴드이다. 비틀즈의 노래는 발라드, 레게, 싸이키델릭 록, 블루스에서 헤비메탈까지 여러 장르를 아우르는데 이는 현대 음악 스타일의 새로운 장을 열어 놓았다고 할 수 있다. 비틀즈의 영향력은 단순히 음악뿐만이 아니라 1960년대의 사회 및 문화적 혁명을 야기하였다.

사이를 분열시켰고 존 레논에게는 더 큰 고독을 안겨 주었다.

한편 오노 요코는 존 레논과는 너무나 상반된 어린 시절을 보냈다. 그녀는 일본 근대화 시기 최대 재벌이었던 야스다 가문의 손녀인 어머니 이소코와 왕실 친인척이며 은행가였던 아버지 오노 에이스케 사이에서 태어났다. 왕실과 귀족 자제들을 가르치는 학교인 가쿠슈인 학교를 다녔으며 아버지의 직장을 따라 어린 시절부터 미국을 드나들었다. 2차 대전 시기에는 망해가는 일본의 국민이었던 만큼 어쩔 수 없이 한때의 시련도 있었지만, 전쟁 후 미국으로 이민한 그녀의 가족들은 다시 예전의 부유한 생활을 되찾았다. 오노 요코의 집안은 유서 깊은 가문답게 예술에 조예가 깊었으며 그녀의 친인척 중에는 유명한 예술가와 정치인, 경제인이 수두룩하였다.

사라 로렌스 대학에 입학한 오노 요코는 그곳에서 예술가, 시인들과 어울려 보헤미안과 같은 자유를 추구했으며, 전시회와 해프닝을 관람하면서 자신의 예술성을 키워나갔다. 1956년 오노 요코는 집안의 반대를 무릅쓰고 가난한 전위예술 작곡가인 이치야나기 토시와 결혼하였다. 그러나 이 결혼은 7년 후인 1962년 파경을 맞았다. 이듬해 오노 요코는 음악가이자 영화 제작자인 안소니 콕스와 재혼하였고 둘 사이에서 딸 교코 찬 콕스가 태어났다.

각자 가정을 가지고 있었고 너무나 다른 성장 배경에, 활동하는 분야까지 다른 존 레논과 오노 요코였지만, 두 사람을 묶어주는 하나의 키워드가 있었다. 그것은 영혼의 고독이었다. 두 사람은 만난 즉시 서로가 오랫동안 아파했던 영혼의 고독을 치유해 줄 수 있는 상대임을 알아차렸다. 그들의 결합이 타인에게 그 어떤 상처와 고통이 된다 할지라도 그들은 이 사랑을 포기할 수 없었다. 존 레논과 오노 요코는 함께 하기 위해 각자의 가정을 포기하는 지루한 법정 싸움을 감내하였다. 존 레논은 오노 요코와 같이 살기 위해 비틀즈의 친구들과 멀어졌고, 그의 팬도 외면했다.

두 사람의 결합은 비틀즈를 사랑하고 존 레논을 사랑했던 세계의 수많은 팬들에게는 절망으로 다가갔다. 언제 어디서든 오노 요코와 함께 하길 원하는 존 레논을 비틀즈의 다른 멤버들은 이해하지 못했고 이전부터 지속됐던 팀의 불화를 더욱 부채질했다.

오노 요코를 만난 후 존 레논은 이렇게 말했다.

"당신이 만약 당신의 '진정한 여자'를 만났다고 생각해 보라. 더 이상 술집에 가서 다른 남자들과 당구를 치거나 축구를 구경하고 싶겠는가. 물론 어떤 남자들은 사랑에 빠지고도 그런 친분을 유지할 수 있을지 모른다. 그러나 나는 내 진정한 여자를 만난 순간, 그동안 맺어왔던 모든 인간관계들이 의미를 잃고 말았다."

오노 요코는 비틀즈의 멤버들과 존 레논의 팬들에게 팝스타 존 레논을 망치는 동양의 노란 마녀라는 비난을 고스란히 감내하면서도 존 레논과 결합하기를 강렬히 원했다.

서로의 과거도 현실도 이 정열적인 두 연인에게는 아무것도 아니었다. 그들에게는 오로지 두 사람이 함께할 미래만이 소중해 보였다. 그들의 사랑은 단순히 남녀 간의 사랑일뿐만 아니라, 존 레논의 불우했던 어린 시절을 보상하는 듯한 모성과도 같은 사랑이었고, 오노 요코의 예술혼을 북돋우는 예술적 사랑이었으며, 두 사람이 함께 꿈꾸는 세계 평화에 대한 로고스적 사랑이기도 했다.

운명이 맺어준 두 영혼

비틀즈는 1970년 공식적으로 해체하고 만다. 비틀즈의 멤버들은 언제나 존 레논과 함께하는 오노 요코의 존재를 매우 견디기 힘들어 했다고 한다. 폴 매카트니의 해체 선언은 비틀즈에 열광하는 세계 곳곳의 팬들을 절망시켰고 해체의 책임은 모두 오노 요코에게 고스란히 지워졌다.

그러나 두 사람의 결합은 존 레논을 상업적인 대중가수에서 한 사람

전쟁 반대 시위를 하고 있는 레논 부부

존 레논과 오노 요코는 생활 속에서 예술과 운동을 실천하는 부부였다.
그들은 함께 음악과 미술 작업을 했으며 세상에 반전과 평화운동의 메
시지를 전했다.

의 예술가로 성장시켰다. 오노 요코와 함께하면서 존 레논은 이전의 음악적 완성도에서 더 나아가 사랑과 긍정과 세계 평화를 외치는 가장 힘 있는 평화운동가가 되었다. 이 시기 존 레논은 '이매진' '러브' '오 마이 러브' 등 불후의 명곡들을 만들어 냈다.

예술과 인생을 공유하기 시작한 두 사람은 함께 앨범을 발표했고, 지브롤타에서 결혼식을 올린 후 신혼여행을 간 암스테르담 힐튼 호텔의 스위트룸에서는 '베드-인' 반전 퍼포먼스를 벌이기도 하였다.

오노 요코는 존 레논의 손을 이끌어 그를 대중음악이라는 장르의 한계에서 탈출시켜 새로운 예술과 사회운동의 세계로 인도했다. 존 레논은 오노 요코의 세계관에 동조하고 그녀와 함께 반전운동가로, 의식 있는 예술가로 변모해갔다. 존 레논은 오노 요코의 여성운동에도 영향을 받아 자신의 가운데 이름에 오노의 성을 넣어 '존 윈스턴 오노 레논'라고 이름을 개명하기도 했다.

존 레논은 오노 요코와 함께하는 삶을 이렇게 이야기했다.

"매일같이 나는 신에게 감사한다. 네가 내게로 온 것을, 운명이 두 영혼을 맺어 준 것을. 내가 태어난 건 오직 너를 만나기 위함이었고, 내가 어른이 된 건 너를 내 아내로 맞이하기 위함이었다."

두 사람에게 불화가 아주 없었던 것은 아니었다. 한때 존 레논과 오노 요코는 1년 반 동안 헤어져 있기도 했다. 대중스타에서 급작스레 반전운동가로 변신한 자신의 모습에 적응하지 못한 존 레논과 존 레논을 망친 마녀라는 빗발치는 지탄을 힘겨워한 오노 요코는 만난 지 3년 만에 헤어지고 만다. 오노 요코는 뉴욕에, 존 레논은 LA에서 각자의 삶을 새로 시작했다.

당시의 결별을 오노 요코는 이렇게 회상했다.

"나는 존 레논의 부인이라는 고정 이미지로부터 도피하고 싶었습니다. 그 전에는 가난하더라도 예술가라는 자부심으로 자유롭게 살 수 있었지만, 존과 살게 되면서 사생활이 없어졌어요. 나는 생각할 수 있는 내 공간이 필요했습니다."

존 레논과 헤어질 때 오노 요코는 두 사람의 비서였던 메이 펑을 존 레논에게 딸려 보낸다. 존 레논은 L. A에서 오노 요코의 묵인 하에 메이 펑과 동거하며 새로 음악 활동을 시작하였지만 모든 것이 여의치 않았다. 오노 요코라는 영혼의 동반자를 이미 만나버린 존 레논에게 그녀 없는 삶은 차라리 공포에 가까웠다. 연일 계속되는 폭음과 난동으로 존 레논의 삶은 나날이 황폐해져갔다. 오노 요코 외에 존 레논과 교감할 수 있는 사람은 이미 아무도 없었다. 존 레논은 이 시기를 스스로 '잃어버린 주말(lost weekend)'이라고 부르며 자신의 삶에서 가장 괴로웠던 시기라고 회상했다.

존 레논에게 있어서 오노 요코는 절대 없어서는 안 될 사람이었다. 존 레논의 적극적인 노력으로 다시 결합한 두 사람은 이전보다 더 강한 결속력을 보이며 서로의 삶에 영향을 주고받았다. 재결합 후 오노 요코가 임신을 한 것도 두 사람의 사랑을 더욱 굳건히 하는 계기가 되었다. 존 레논과 오노 요코 사이에서 아들 숀이 태어났다.

다섯 발의 총성

아들 숀이 태어난 후 존 레논은 칩거에 들어갔다. 그는 여성운동가 오노 요코의 사상을 실천하듯, 가사와 육아를 도맡아 하며 행복해했다. 하루가 다르게 자라는 아들을 바라보며 부모에게 버림받은 자신의 어린 시절과 오노 요코와 결합하기 위해 버릴 수밖에 없었던 아들 줄리안에 대한 미안함을 상쇄라도 하려는 듯 존 레논은 숀에게 지극 정성을 다했다. 숀은 이 시기 아버지 존 레논의 관심은 아내인 오노 요코와 아들인 자신 그리고 세계평화밖에 없었다고 회상했다.

레논 가족의 행복한 한때

1975년 요코는 마흔두 살의 나이로 아들 숀을 낳는다. 마침 아이가 태어난 날은 10월 9일, 존의 35번째 생일이었다. 존은 모든 활동을 중단하고 아들을 돌보며 전업주부가 되기를 자처했다. 5년간, 존은 음악과는 거리를 두고 오로지 가족을 위한 생활을 했다.

그리고 5년 후, 존 레논은 숀이 어느 정도 성장하고 나자 '아들에게 아버지가 다른 일도 할 수 있다는 것을 보여주기 위해서' 음악활동을 재개했다. 1980년 존은 새로운 음반을 발표하고 의욕적으로 활동준비를 하고 있었다.

그러나 불행은 느닷없이 다가왔다. 존 레논을 너무나 신봉한 나머지 그와 자신을 혼동하고 있던 광적인 팬 마크 채프먼이 스튜디오에서 집으로 귀가하는 존 레논을 향해 다섯 발의 총탄을 쏘았다. 존 레논은 사랑하는 여인 오노 요코가 바라보는 가운데 숨을 거두었다.

1980년 12월 8일의 일이었다.

함께 꾸는 꿈은 현실이다

존 레논의 죽음은 그의 팬들을 슬픔에 빠뜨렸고 존 레논을 따라 자살하는 사람들이 속출했다. 존 레논 사후 오노 요코의 삶도 변했다. 여전히 전위예술가로서의 작업을 해나가면서 그보다 더 많은 부분 그녀는 존 레논을 기리고 기억하는 작업에 시간을 할애했다. 살아 있을 때 존 레논의 정신적 지주였던 그녀가 이제는 반대로 존 레논을 정신적 지주로 삼으며 삶을 지탱해가고 있는 것이다.

오노 요코는 한 인터뷰에서 이런 말을 했다

'홀로 꾸는 꿈은 단지 꿈일 뿐이고, 함께 꾸는 꿈은 현실이다.'

오노 요코와 존 레논은 함께 꾸는 꿈을 현실로 만들고 싶었던 서로에게 가장 밀착된 연인이었다.

● 참고문헌

《영국사》 앙드레 모로아 저. 기린원 1997
《심프슨 부인과 에드워드》 월리스 윈저. 학일출판사 1986 년
《무굴 제국》 발레리 베린스탱. 시공사 1998
《인도이야기》 마이클 우드. 웅진지식하우스. 2009.
《平塚らいてう評論集》小林登美枝 · 米田佐代子 編 岩波文庫 1987
《「青鞜」人物事典》らいてう研究会 編 大修館書店 2001
《일본 역사를 움직인 여인들》 호사카 유지 문학수첩 | 2006
《우리가 몰랐던 동아시아》 박노자. 한겨레출판 2007
《미국에 대해 알아야 할 모든 것, 미국사》 케네스 C. 데이비스 책과함께 | 2004
《Bonnie and Clyde(A Biography)》Nate, Hendley. Greenwood Pub Group. 2007
《프리다 칼로》 헤이든 헤레라. 민음사. 2003
《프리다 칼로 & 디에고 리베라》 르클레지오. 다빈치 2008
《멕시코 벽화 운동》 남궁문. 시공사. 2000
《스코틀랜드 역사이야기》 월터 스콧. 현대지성사 2005
《슈테판 츠바이크의 메리 스튜어트》 슈테판 츠바이크. 이마고 2008
《Vivien Leigh: A Biography》Michelangelo, Capua. McFarland & Company 2003
《Laurence Olivier: A Biography》 Donald, Spoto. Cooper Square Publishers. 2001
《Happy Together: Hollywood's Unforgettable Couples》Prestel Pub. 2002
《나 다이애나의 진실》 앤드루 모튼. 사회평론 1998
《마녀에서 예술가로 오노 요코》클라우스 휘브너. 솔. 2003
《존 레논 음악보다 더 아름다운 사람》 제임스 우달. 한길사 2001
《Count the Ways 》Paul, Aron. McGraw-Hill 2002.
《An Affair To Remember》Gressor, Megan, Cook, Kerry. Quayside Pub Group 2005
《연애심리학(La Dependance Amoureuse)》 프랑수아 자비에푸다. 폴라북스 2007

연애의 사생활

초판 1쇄 인쇄 2010년 2월 10일
초판 1쇄 발행 2010년 2월 18일

지은이 김정미
펴낸이 김선식
PD 이하정
다산초당 김상영, 이하정
마케팅본부 민혜영, 이도은, 김하늘, 박고운, 권두리
온라인 마케팅팀 하미연, 이소중
저작권팀 이정순, 김미영
홍보팀 서선행, 정미진
광고팀 한보라, 김혜원
디자인본부 최부돈, 손지영, 조혜상, 김태수, 황정민, 김희준
경영지원팀 김성자, 김미현, 유진희, 김유미
미주사업팀 우재오

펴낸곳 (주)다산북스
주소 서울시 마포구 서교동 395-27
전화 02-702-1724(기획편집) 02-703-1723(마케팅) 02-704-1724(경영지원)
팩스 02-703-2219
이메일 dasanbooks@hanmail.net
홈페이지 www.dasanbooks.com
출판등록 2005년 12월 23일 제313-2005-00277호

필름 출력 스크린그래픽센타
종이 한서지업
인쇄 · 제본 (주)현문

ISBN 978-89-6370-124-0(03900)